SÜDTIROLER SCHMANKERLKÜCHE

Südtiroler Schmankerl Küche

Paul Enghofer

Südwest

Die Rezepte sind für vier Personen gerechnet.
Wenn Rezepte für mehr oder weniger Esser gedacht sind,
so ist es extra angegeben.
Außerdem sei noch vermerkt, daß ein Pfund 500 Gramm hat.
Wir wissen, daß diese Mengenangabe nicht mehr modern ist,
aber in manchen Gegenden wird sie nicht umzubringen sein.

Weitere Titel von Paul Enghofer aus unserem Programm:

Bayerische Schmankerlküche

Bayerische Schmankerl fürs ganze Jahr

Bayerische Schmankerlreise

Zeichnungen: Ernst Hürlimann
Farbbilder: Kurt Sattelberger
Schutzumschlag: Manfred Metzger (Foto: Sattelberger)

ISBN 3-517-01047-2

© 1987 Südwest Verlag GmbH & Co KG, München
Alle Rechte vorbehalten. Printed in Germany
Satz: Compusatz GmbH, München
Druck und Bindearbeit: Clausen & Bosse, Leck

Inhalt

VORWORT 6

SUPPEN 9

FISCH 23

GEFLÜGEL 29

FLEISCH 35
Schaf und Ziege 37
Schwein 42   Kalb 50   Rind 59

WILD 63

VORHER – NEBENHER – NACHHER 73

DIE 4 TIROLER ELEMENTEN 81
Knödel 83   Nudeln 89   Nocken 93
Plenten, Erdäpfel und Zusammenkochts 98

STRUDEL 103
Ein paar Aufläufe 110

SCHMALZGEBACKENES 113

KUCHEN UND TORTEN 127

WEIN 139

KÜCHEN-DOLMETSCH 147

REGISTER 151

Liebe Leser!

Südtiroler Schmankerln, gibt es die überhaupt? Die Frage ist nicht ganz unberechtigt, denn kann man einem hart und mühsam arbeitenden Bergbauernvolk eine raffinierte Küche überhaupt zutrauen? Brauchen Menschen, die den ganzen Tag rakkern müssen, nicht etwa eine schwere, anhaltende Nahrung, zusammengesetzt aus dem, was die Natur gerade bereithält: Getreide, Fleisch, Milch, Eier, Kraut und Rüben? Wie reimt sich das auf »Schmankerl«? Auf ein Wort, das soviel wie etwas Kleines, Feines, Außergewöhnliches bedeutet. Im folgenden versuche ich, mich nach und nach selbst zu widerlegen.
Das erste Gegenargument ist, daß Schmankerln heute das auch nicht mehr sind, was sie früher einmal waren. In einem modernen Tiroler Kochbuch werden sie noch so definiert: »Übriggebliebenes Muas wird am nächsten Tag in Butter abgeröstet. Das Schmanggerl hat einen besonders guten Geschmack.« In diesem Fall steht das Wort noch in der Einzahl, ist ein ganz bestimmtes Gericht gemeint. In der bayerischen Hofküche bezeichnete man als Schmankerln die Ramerln oder Krusteln, welche sich beim Backen von Mehlspeisen (z. B. Dampfnudeln, Kartoffelmaultaschen) oder beim Kochen von Mus aus Zucker, Fett und Mehl herauskaramelisiert haben. Tirolerisch heißen sie »Prinzen«, den begehrten Bodenbelag einer eingehängten Muaspfanne nennt man »Scharren«, »Schure«, »Schoor« oder auch »die Raschpn«.
Müßte ich streng nach dem etymologischen Wortsinn von »Schmankerl« vorgehen, dann käme dieses Buch mit zwei Seiten samt Inhaltsverzeichnis aus. Heutzutags ist es aber so, daß fast niemand mehr die Herkunft des Wortes kennt und alles als Schmankerl bezeichnet wird, was besonders gut schmeckt oder was außergewöhnlich schön ist. Das Schmankerl ist nämlich längst nicht mehr nur auf die Küchensprache beschränkt. Allerdings mutet es einen schon seltsam an, wenn man zum Beispiel ein Trumm Schweinshaxen oder eine Stange Blutpreßsack mit einem Wort bedenkt, das die liebevoll verkleinernde, ja verniederen

lichende Endung »erl« trägt. Weil es aber ein bayerisches Wort ist, paßt es auch aufs Grobe.
Die echten Südtiroler sind stammesmäßig Bayern, wie auch die Österreicher, die das Land gut 250 Jahre lang regierten. 1919 wurde Südtirol Italien zugeschlagen. Es wird oftmals behauptet, daß sich ein Herrschaftswechsel nicht nur in Politik und Kultur, sondern auch in den Kochtöpfen niederschlage. Das mag teilweise für die Städte stimmen, in denen die Italiener fest Fuß gefaßt haben. Aber »hoch drob'n auf'm Berg«, wo einem die Arbeit mehr zu schaffen macht als der Handel, da ist die Pizza nicht hinaufgestiegen oder die Lasagne, die Cannelloni und die Pasta asciutta. Da sind die, die schon immer da waren, noch unter sich, und wer sie besucht, kriegt eine alpenländische Kost vorgesetzt, selbstverständlich auf die speziellen Gegebenheiten und Bedürfnisse des Landes abgestimmt. Und wenn man von der Version ausgeht, was gut schmeckt, ist ein Schmankerl, dann verdienen die herzhaften und nahrhaften bäuerlichen Gerichte aus Mehl, Eiern und Schmalz (Gott erhalt's!), die es da heroben gibt, diese Bezeichnung gar wohl. Der Tiroler Bauernspeck hat's sogar zu noch mehr gebracht: Er ist eine Delikatesse.
Kraxeln wir jetzt die Berge hinab und wandern weiter bis fast ins Tal. Da schauen wir ins Weinparadies und in einen leuchtenden Obstgarten. Wo der Wein wächst, gedeiht auch der Spargel, da gefällt es auch dem Gemüse. In jedem Weinland der Welt wird gut gegessen. Warum sollte es in Südtirol anders sein? Hier gilt es, an die vierzig Weinsorten mit ihren Spielarten zu probieren und herauszufinden, welch edler Tropfen zu welcher Speise paßt. Da es aber die meisten Weinderl so an sich haben, verschiedene Mahlzeiten verschönern zu können, so muß es solche schon seit altersher gegeben haben oder sie mußten dazu erfunden werden. So könnte man folgende Milchmädchenrechnung aufmachen: Wenn ein bestimmter Rebensaft zu mindestens fünf Gerichten empfohlen werden kann und man davon ausgeht, daß Wein nur zu gutem und bestem Essen getrunken wird, dann ergibt das die stolze Zahl von 200 Schmankerln. Und schon ist der Umfang dieses Buches gerechtfertigt. Ganz logisch, oder!?
Südtirol ist nicht nur von Berg- und Weinbauern bewohnt, es

gibt auch die Flachlandtiroler, die Bürger in den Städten, von denen für uns die Wirte am wichtigsten sind. Das Land war seit jeher ein Durchzugsgebiet, in dem schon ganze Völkerstämme ihren Drang nach dem Süden befriedigten und ihren Hunger und Durst stillten. Heutzutage tun das in der Hauptsache die »Teutonen« und die Bajuwaren. Für sie und alle anderen ist der Tisch in den Herbergen reichlich gedeckt und zwar mit echten, bodenständigen Südtiroler Spezialitäten, von denen einige freilich von den Nachbarn ausgeliehen und nicht mehr zurückgegeben wurden. Andere wieder sind Mitbringsel aus der alten Heimat. Einiges werden wohl auch die in Jahrhunderten Durchgereisten dagelassen haben, und manches stammt vielleicht aus der Zeit, als die Tiroler noch Kelten, Goten oder Langobarden hießen. Ganz sicher werden auch im Land der Klöster, Kirchen und Burgen die geistlichen und weltlichen Obrigkeiten einen Großteil zur Bereicherung und Vielfalt des Speisezettels beigetragen haben.
Es gibt sie also, die Südtiroler Schmankerlküche, und dieses Buch trägt seinen Namen zu Recht. Dabei kommt es ganz ohne italienische Gerichte aus, die man zwischen Brenner und Salurn ebenso kennt, schätzt und ißt, weil man ja schließlich in Italien ist. Aber das wäre ein Kapitel, ja ein Buch für sich. Ich setze Ihnen nur einheimische Kost vor, zu der Sie auch noch einen feinen Tropfen genießen sollten.

Pfarrkirchen, im Sommer 1987   Paul Enghofer

Suppen

»Waarst net aufigstiegn, waarst net abergfalln.
Hättst mei Schwester g'heirat, waarst mei Schwager word'n!
Hättst a Häuserl und a Kuah, und a Millisuppen in da Fruah!«

Der Verseschmied ist wahrscheinlich einer gewesen, der seiner Lebtag nicht von seinem Bergbauernhof in d'Stadt heruntergekommen ist. Sonst hätte er seinem Nicht-Schwager die »Millisuppen in da Fruah« gern vergönnt. So was B'sonders war die auch wieder nicht. Schon deswegen nicht, weil sie zu einer Zeit eingenommen werden mußte, in der der Stadtmensch noch im tiefsten Schlummer zu liegen pflegte. Man ist bei den Bauern mit dem Gebetläuten aufgestanden. Im Sommer um fünf Uhr und in den Tälern schon um vier Uhr. Im Winter hat's nicht so pressiert; da hat man sich bis um sechse »ausschlafen« dürfen. Jedenfalls hat die Großdirn eine Stunde nach dem Wecken die aufgekochte Milch oder ein Mus auf den Tisch bringen müssen. Aber von solchen »Suppen«, also vom einstigen bäuerlichen Frühstück, soll in dem Kapitel da nicht die Rede sein, sondern von jenen guten Stimmungsmachern, die die Neugier auf eine nachfolgende Mahlzeit wecken. Solche werden freilich nicht mit Milch, sondern mit Wasser gekocht, wenn auch Ausnahmen die Regel bestätigen. Ankommen tut's darauf, was *mit*kocht.
In Südtirol braucht es niemand zu wundern, daß so was ein Wein sein könnt' oder ein Bergkaas oder eine Einlage aus Schaffleisch. Am bekanntesten ist die Gerstensuppe, in der ziemlich viel schwimmt, was die Bauern den Stadterern anbieten können: Speck, Fleisch, Getreide, Kartoffeln und Wurzelwerk aus dem G'müsgartl. Selbstverständlich weiß man auch im Durchzugsland Südtirol, was die Nachbarn und die entfernteren Verwandten gern auslöffeln, und läßt sich so was selber gut schmecken. So schau'n sich die Inhaltsverzeichnisse (nicht bloß) der Suppen in bayerischen, österreichischen und Südtiroler Kochbüchern ziemlich ähnlich. Aber es gibt schon ein paar so Magen-Vorwärmer, die man sich im bayerischen Land südwärts vom Brenner b'sonders gut schmecken lassen kann.

Brennsuppe

40 g Fett	1 l Wasser
3 Eßlöffel Mehl	1 Teelöffel Kümmel
1 Zwiebel	2 Prisen Salz

Das ist die einfachste aller Suppen, zwar mit Saft, aber ohne Kraft. Und dennoch hat sie gut geschmeckt, weil ja Hunger bekanntlich der beste Koch ist. Wer wieder einmal auf den Geschmack der Jugendzeit kommen möchte – so kann er sich zurückversetzen:
In einem Tiegel läßt man nicht spritzendes Fett (Öl, Butterschmalz, Margarine) heiß werden und röstet darin das Mehl ziemlich braun. Dann erst gibt man die Zwiebelwürferl dazu, die auch ziemlich dunkel werden müssen. Dabei muß man fest rühren. Dann gießt man mit kaltem Wasser auf, damit keine Batzl (Klumpen) entstehen und läßt die Suppe eine Viertelstunde kräftig kochen, wobei sich die Geschmacksstoffe der zwei einzigen Gewürze, nämlich Kümmel und Salz, der Brühe »mitteilen sollen«, wie es in der gehobenen Küchensprache heißt.
Wer die einfache Brennsuppe nicht »derpackt«, kann sie durch Zugabe von Küchenkräutern, Rahm und Rotwein veredeln.

Zwiebelsuppe

300 g Zwiebeln	1 l Fleischbrühe
75 g Butter	4 Semmelscheiben
2 Eßlöffel Weißwein	125 g Reibkäse

Dünne Zwiebelringe oder Würferl schwitzt man in reichlich Butter goldgelb, löscht mit einem Schuß Weißwein ab und gießt die Fleischbrühe heiß dazu. Das Ganze muß gut eine Viertelstunde kochen. Dann seiht man die Suppe ab, fängt die Zwiebeln auf und drückt sie durch das Sieb in eine kleine Schale. Auf der Herdplatte, im Backrohr oder im Toaster röstet man 1 cm dicke Semmelscheiben fettlos an, bestreicht sie gleichmäßig mit der Zwiebelmasse und legt sie auf die inzwischen in Tassen umgefüllte Suppe. Dann wird geriebener Käse darübergestreut. So kommen die feuerfesten Trinkgefäße in einen Ofen mit Oberhitze. Wenn der Käse geschmolzen ist, ist auch die Suppe fertig.

Spargelsuppe

500 g Spargel
Salzwasser
40 g Butter
80 g Mehl
1¼ l Spargelsud

1 Eidotter
2 Eßlöffel Milch
Salz, Pfeffer
Muskat

Man schneidet den geschälten Spargel in ca. 3 cm lange Stücke und kocht sie in leichtem Salzwasser 20 Minuten. Nebenher macht man eine helle Einbrenne aus Butter und Mehl, gießt mit kaltem Spargelsud auf und läßt einmal aufkochen. Dann kommen die Spargelstücke hinein und eine Legierung aus Eidotter und Milch. Man hält die Suppe noch einige Minuten heiß, schmeckt mit Salz, Pfeffer und Muskat ab und serviert sie dann (eventuell mit etwas Schnittlauch oder Petersilie bestreut).

Spargelcremesuppe

Spargelabschnitte
Salzwasser
50 g Butter
50 g Mehl
2 Eidotter

⅛ l Rahm
Schuß Weißwein
Salz, Pfeffer
Zitronensaft

Vom Spargel soll man nichts wegwerfen. Schalen, abgebrochene Teile oder holzige Stücke lassen sich noch für eine sehr gute cremige Suppe verwerten. Man kocht diesen »Abfall« in leicht salzigem Wasser eine Viertelstunde und seiht die Brühe ab. Was jetzt noch an Spargelresten übrigbleibt, ist wirklich nicht mehr zu gebrauchen.

Man bereitet aus Butter und Mehl eine helle Einbrenne, gießt 1¼ l Spargelsud dazu und kocht alles eine Viertelstunde. Dann nimmt man die Hitze etwas zurück und rührt die Legierung in die Suppe. Man hat dafür vorher zwei Eidotter in Rahm verschlagen. Abgeschmeckt wird mit gutem Tiroler Weißwein, Salz, Pfeffer und einem Schuß Zitronensaft. Zur »einsamen Spitze« wird diese Suppe, wenn man noch ein paar im Sud mitgekochte Spargelköpfe hineintut.

Brunnenkressesuppe

2 Schalotten	⅛ l Rahm
50 g Butter	1 Eidotter
4 cl Weißwein	Salz, Pfeffer
1 l Fleischbrühe	Spritzer Zitronensaft
300 g Brunnenkresse	

Feingewiegte Schalotten werden in Butter glasig gedünstet und mit Weißwein abgelöscht. Dann gießt man nach und nach eine nicht zu intensiv vorschmeckende Fleischbrühe dazu, bis ein Liter aufgebraucht ist. In die kochende Suppe gibt man nun die gezupften Kresseblätter und läßt sie einige Male aufwallen. Danach verlegt man das Geschehen an den Herdrand oder reduziert die Hitze. Jetzt tritt der Pürierstab in Aktion, der die Blätter zerkleinert. Für die Legierung wird ein in Rahm verschlagener Eidotter eingerührt. Man schmeckt mit Salz, weißem Pfeffer und etwas Zitronensaft ab.

Gerstensuppe

100 g Speck	100 g Karotten
1 Zwiebel	100 g Sellerie
100 g Gerste	4 Kartoffeln
1½ l Wasser	Salz
250 g Fleisch	1 Teelöffel Liebstöckel

Man läßt in einem Tiegel 100 g feingewiegten geräucherten Speck zerlaufen und röstet dabei eine gehackte Zwiebel und die Gerste mit an. Dann gießt man das ganze Wasser hinzu (warm), ebenso wird das Fleisch zugesetzt. Man hat die Wahl zwischen Geräuchertem und Surfleisch, kann aber auch beides hernehmen. Das Ganze muß jetzt eineinhalb Stunden kochen. Nach dieser Zeit gibt man Karotten in Scheiben, Sellerie in Streifen und die Kartoffeln in großen Würfeln dazu. Gewürzt wird mit Salz und einigen zerzupften Liebstöckelblättern (Maggikraut). Zusammen mit dem Gemüse wird die Suppe noch eine halbe Stunde weitergekocht. Kurz vor dem Servieren nimmt man das Fleisch aus dem Topf und schneidet es in Stücke, wie man sie hernach in der Suppe essen möchte.

Wer die Suppe sämig will, kann zum Schluß noch ein Mehlteigerl

(1 Eßlöffel Mehl, 2 Eßlöffel Wasser) einrühren und sie mit etwas Rahm auch noch verfeinern.
Sie war einst die am häufigsten gegessene Suppe auf dem bäuerlichen Tisch. Das kommt daher, daß Gerste bis zu Höhen von 1700 Metern angebaut werden kann.

Kienzlsuppe

125 g Fisolen (Buschbohnen)	1 Zimtrinde
Salzwasser	5 Nelken
1000 g Äpfel	Schale von ½ Zitrone
½ l Wasser	50 g Butter
125 g Zucker	Zimt

Man sagt auch ganz einfach: der Kienzl. Diese Fisolen-Äpfelsuppe wird dicklich gekocht und ist eigentlich mehr ein Kompott.
Zuerst kocht man die Fisolen in Salzwasser weich, dann schält man die Äpfel, schneidet das Kernhaus heraus und achtelt sie. Sie werden dann mit Wasser, Zucker und den Gewürzen weichgedünstet. Danach kommen die Fisolen hinzu. Das Ganze wird mit gebräunter Butter übergossen und mit Zimt bestreut.
Sind keine frischen Äpfel vorhanden, so kann man dafür ein Pfund getrocknete Schnitze, sogenannte »Figgen«, verwenden. Da kommt man dann mit weniger Zucker aus.

Südtiroler Weinsuppe

½ l Fleischbrühe	1 Prise Salz
¼ l Weißwein	1 Semmel
4–5 Eidotter	1 Eßlöffel Butter
¼ l Rahm	1 Prise Zimt
1 Teelöffel Zimt	

Das ist die einfache Ausführung jener Suppen, die fein nach Wein schmecken. Und wenn Sie fragen, nach welchem?, dann wird die Antwort wohl heißen: Das kommt ganz darauf an, wo Sie sich gerade zum Essen niedergelassen haben. Man wird Ihnen denjenigen ins Supperl tun, der aus dieser Gegend stammt oder aus der Nachbarschaft kommt. Jedenfalls ist es ein Weißwein.

Die Rindssuppe und der Wein dürfen einmal aufkochen. Wenn aber dann die Eidotter und der Rahm eingerührt werden, schaltet man auf Mittelhitze zurück und schlägt alles cremig, zusammen mit Zimt und einer Prise Salz. Vor dem Servieren streut man in die Suppe noch Brotwürferl, die man in einem Pfanndl in Butter mit einer Prise Zimt angeröstet hat.

Nur geringfügig in der Zubereitung oder bei den Zutaten unterscheiden sich einige Suppen von dieser hier. Sie müssen unbedingt die Herkunft des Weines als Namenspatron aufweisen.

Eisacktaler Weinsuppe

⅛ l Rahm
3 Eier
3 Teelöffel Parmesan
2 mal ¼ Teelöffel Zimt

¾ l Fleischbrühe
¼ l Eisacktaler Weißwein
1 Eßlöffel Butter
2 Scheiben Weißbrot

In einer Schüssel verschlägt man mit dem Schneebesen Rahm, Eier, geriebenen Parmesan und ¼ Teelöffel Zimt. Dies gießt man in die kochende Fleischbrühe, gibt den Wein dazu und verrührt alles bei mittlerer Hitze. In die heiße Suppe kommen obenauf in Butter und mit Zimt abgeröstete Weißbrotwürferl.

Terlaner Weinsuppe

⅛ l Terlaner Weißwein
⅛ l Rahm
3 Eidotter
½ l Fleischsuppe

1 Semmel
1 Eßlöffel Butter
½ Teelöffel Zimt

Weißwein, Rahm und Eidotter werden in einer Schüssel gut verrührt. Dann gießt man die Fleischbrühe hinzu und verquirlt alles. Erst jetzt kommt die Suppe in den Tiegel, wo sie allerdings bloß noch erhitzt wird. Die Suppe bestreut man mit abgerösteten Weißbrotwürferln und Zimt.

Brezelsuppe

6 Brezen   *1 Zwiebel*
Wasser   *50 g Butter*
60 g Reibkäse

Man bröckelt alte Breze(l)n in einen tiefen Teller und übergießt sie mit kochendem Wasser. Sobald sich die Brotstücke vollgesaugt haben, gibt man davon eine Lage in eine Schüssel und streut Reibkäse (Graukäse, Zieger) darüber. So fährt man fort, bis alles verbraucht ist. Obenauf müssen Brezeln sein. Das Ganze übergießt man dann mit dem Inhalt einer Pfanne, in der man eine würfelig oder in Ringe geschnittene Zwiebel in Butter gebräunt hat. Eigentlich ist es ja keine Suppe, sondern eher ein »Mampf«, weil man das Wasser, das nicht vom Brot »einverleibt« wurde, weggießt.

Frittatensuppe

150 g Mehl   *1 Ei*
¼ l Milch   *Butter oder Öl*
1 Prise Salz   *1 l Rindssuppe (Fleischbrühe)*

Darüber gibt es einen guten Witz! Ein eiliger Gast sitzt im Wirtsgarten und möchte »nur eine Kleinigkeit« bestellen. Die Kellnerin bietet ihm eine Frittatensuppe an. Da er sie nicht kennt, wird er aufgeklärt, daß es dasselbe sei wie Pfannkuchensuppe, worauf er bestellt. Auf dem Weg zum Gast passiert der Bedienung ein Mißgeschick, das sie selbst gar nicht bemerkt. Vom Kastanienbaum fällt ein Maikäfer herab und mitten in den Suppenteller. Am nächsten Tag ist der Gast schon wieder da und bestellt nochmals Frittatensuppe. Beim Abservieren fragt die Kellnerin, ob sie geschmeckt habe, und bekommt folgende Antwort: »Genau so guat wia gestern, bloß: heit war da Frittat net drinn!«
Weil die Herstellung von Pfannkuchenteig recht einfach ist, sei ein kleiner Trick verraten, wie man den Teig verbessern kann. Zuerst muß man Mehl, Milch und Salz gut verrühren. Sobald aber das Ei eingeschlagen ist, sollte man den Kochlöffel oder den Schneebesen nur noch sparsam einsetzen. Dann wird der Teig

nicht zäh. Man gibt ihn portionsweise in eine heiße Pfanne zu wenig Butter oder Öl und bäckt ihn beidseits zu dünnen Pfannkuchen. Diese werden nach dem Abkühlen zusammengerollt und nudelig geschnitten. So werden sie mit heißer Fleischbrühe übergossen.

Die Frittatensuppe heißt in Südtirol auch Pfanzelnsuppe, was nichts anderes bedeutet, als daß die Einlage ein in der Pfanne gebackener »Zelten« ist. Zelten wiederum heißt soviel wie »flacher Kuchen«.

Geräucherte Forellensuppe

2 Forellen	Thymian
50 g Butter	Muskat
½ Zwiebel	Salz, Pfeffer
1 Knoblauchzehe	1 Lorbeerblatt
½ Karotte	6 Wacholderbeeren
40 g Sellerie	2 Tomaten
40 g Lauch	¼ l Wasser
1 Eßlöffel Mehl	⅛ l Weißwein
⅛ l Weißwein	1 Stamperl Cognac
Basilikum	¼ l Rahm

Geräucherte Forellen (je ca. 250 g) lassen sich leicht filetieren, weil ihr Fleisch durch den Rauch schon »verzärtelt« ist. Die Filets schneidet man in Würfel und wartet, bis die Suppe fertig ist. Diese wird aus den Parüren zubereitet, das sind die abgetrennten Fischteile wie Schwanz, Kopf, Flossen und Gräten. Sie werden in heißer Butter mit Würferln aus Zwiebel, Knoblauch, Karotte, Sellerie und Lauch angeröstet. Dann wird mit Mehl gestaubt und mit Tiroler Weißwein abgelöscht. Hinzu kommen noch die Gewürze und zwei Tomaten in Vierteln. Nach fünf Minuten wird das Wasser zugegossen und alles eine Viertelstunde leise gekocht. Dann passiert man die Suppe durch, gibt sie wieder in den Topf zurück, verfeinert sie durch weitere Zugabe von Wein und Cognac und läßt sie noch fünf Minuten ziehen, damit die hinzukommenden Filetstücke nicht zerfallen. Ganz zum Schluß darf dann der Rahm noch einziehen.

◁ *Renken mit Nußsoße, Rezept S. 28*

Kassuppe

1 Eßlöffel Butter	⅛ l Rahm
2 Eßlöffel Mehl	125 g Reibkäse
1 l Fleischbrühe	Petersilie oder
Salz, Kümmel	Schnittlauch
2 Eidotter	

Aus Butter und Mehl macht man eine helle Einbrenne, gießt die kalte Fleischbrühe unter ständigem Rühren dazu, würzt mit Salz und Kümmel und läßt das Ganze kochen. Inzwischen verschlägt man die Eidotter mit dem Rahm und mengt den Käse darunter. Diese Masse wird nun in die Suppe gerührt, die aber nicht mehr kochen darf. Obenauf kommt gehacktes Grünzeug.

Leberknödelsuppe

6 Semmeln	50 g Fett
¼ l Milch	1 Eßlöffel Petersilie
250 g Leber	Zitronenschale
2 Eier	
1 Eßlöffel Mehl	In Reserve:
Salz, Majoran	Semmelbrösel
1 Zwiebel	und Milch

Die Semmeln schneidet man zu Knödelbrot, das man mit kochendheißer Milch übergießt. Man deckt die Schüssel zu, damit kein Dampf entweicht. Inzwischen dreht man die Leber durch den Wolf, schlägt zwei Eier daran, rührt Mehl und Salz dazu und eine Prise Majoran. Nebenher wird in einer Pfanne eine kleine gewiegte Zwiebel in Butter oder Nierenfett angeschwitzt. Diese Prozedur machen auch noch ein Eßlöffel voll gehackte Petersilie und ein paar kleine Schnitzer Zitronenschale mit.
Wenn nach etwa einer halben Stunde die Milch vom Knödelbrot aufgesaugt ist, mischt man alles übrige darunter. Es soll ein mittelfester Teig entstehen, dessen Konsistenz man durch Semmelbrösel oder Milch verändern kann. Es werden Knödel in beliebiger Größe geformt, die 20 Minuten in leicht wallendem Salzwasser ziehen müssen. Man ißt die Leberknödel in der Suppe oder zu Sauerkraut.

Milzschnittensuppe

100 g Kalbsmilz	1 Messerspitze Muskat
1 Zwiebel	¼ Teelöffel Majoran
1 Eßlöffel Petersilie	Schale von ½ Zitrone, kleinge-
20 g Butter	schnitten
50 g Butter	2 Semmeln
1 Ei	Backfett
Salz, Pfeffer	1 l Fleischbrühe

Die Milz steckt in einem Hautbeutel. Dieser wird geklopft, in der Mitte quer durchgeschnitten und mit einem scharfrandigen Löffel oder einem Messer ausgeschabt. Das Milzfleisch dreht man entweder durch den Wolf oder hackt es klein.
In einer kleinen Pfanne werden Zwiebelwürferl und feingeschnittenes Petersilienkraut in 20 g Butter angeschwitzt. Inzwischen rührt man 50 g Butter und das Ei schaumig, vermengt beides mit der Milz, den Gewürzen und dem bereits erkalteten Inhalt des Pfanndls. Dann wird die Masse auf dünne Semmelschnitten oder Weißbrotscheiben gestrichen. Das Brot sollte alt sein. Mit der belegten Seite nach unten kommen die »Pavesen« ins heiße Schmalzbad, werden einmal gewendet und goldbraun gebacken. Dann schneidet man sie in Streifen oder Karos und gibt sie in die bereitstehende heiße Suppe.

Bozner Saure Suppe

1 Pfund Kutteln (500 g)	Salz, Pfeffer
50 g Fett	Majoran
1 Zwiebel	1 Eßlöffel Tomatenmark
4 Eßlöffel Mehl	⅛ l herber Weißwein
2 l Fleischbrühe	Saft einer Zitrone
1 Lorbeerblatt	125 g Parmesankäse

Kutteln (Kaldaunen, Pansen, Gekröse) nennt man in Südtirol auch Trippa, Gläserling, Wampen oder Kreas. Am beliebtesten ist das Kalbskreas. Kuttelfleck stammen vom Vormagen der Rinder. Diesen läßt man am besten beim Metzger auskochen, denn er braucht bis zu sechs Stunden, bis er so weich ist, daß man ihn weiterverarbeiten kann.
Für die Saure Suppen werden feinnudelige Streifen daraus geschnitten, etwa wie zu einem Lüngerl. Diese röstet man in Fett

zusammen mit Zwiebelwürferl im Tiegel an. Dann wird Mehl darübergestaubt und verrührt. So entsteht eine Art dunkle Einbrenne, die mit kalter Fleischbrühe abgelöscht wird, damit keine Klumpen entstehen. Während des Aufkochens gibt man die Gewürze und das Tomatenmark hinzu. Nach einer halben Stunde schmeckt man mit Weißwein und Zitronensaft ab, läßt noch einmal aufwallen und streut kurz vor dem Servieren geriebenen Parmesan darüber. – Ein heißer Tip: Diese Suppe nicht kalt werden lassen!

Hirnsuppe

50 g Zwiebel
50 g Lauch
50 g Sellerie
50 g Karotten
50 g Butter
½ l Fleischbrühe
1 Kalbshirn

½ l Fleischbrühe
⅛ l Weißwein
4 Eidotter
50 g Butter
⅛ l Rahm
Schuß Weißwein

Das Gemüse wird feinwürfelig geschnitten und in Butter angedünstet. Dann gießt man mit heißer Fleischbrühe auf und kocht es weich. Auch das enthäutete Hirn wird in klarer Suppe gekocht, aber zusammen mit Weißwein. Dann drückt man es durch ein Sieb zurück in die Wurzelbrühe. Alles wird noch einmal bis zum Siedepunkt erhitzt. Nebenher schlägt man die Eidotter, ein Stück Butter, Rahm und etwas Weißwein in einer Tasse cremig und läßt dies unter Rühren langsam in die nun nicht mehr kochende Suppe einlaufen. Eventuell mit etwas Salz und einem Spritzer Zitronensaft abschmecken.

Schöpsenfleischsuppe

1 Zwiebel
1 Knoblauchzehe
70 g Butter
40 g Sellerie
40 g Lauch
1 Karotte
etwas Rosmarin

500 g Schaffleisch
30 g Mehl
1¼ l Wasser
Salz, Pfeffer
⅛ l Weißwein
250 g Kartoffeln

Eine gehackte Zwiebel wird mit einer feingeschnittenen Knoblauchzehe in Butter angebräunt und mit dem gewürfelten Wurzelwerk und etwas Rosmarin verrührt. Dann kommt das Fleisch hinzu. Es ist in mundgerechte Stücke geschnitten und soll rundum Farbe nehmen. Nun staubt man mit Mehl, gießt mit kaltem Wasser auf, rührt gut um und würzt mit Salz und Pfeffer. Das Ganze soll eine Stunde kochen, wobei die Suppe noch mit Weißwein verfeinert wird. In der letzten Viertelstunde gibt man die Kartoffelwürfel hinzu. Das Gericht reicht leicht aus für eine Hauptmahlzeit.

Schinkenschöberl zur Suppe

60 g Butter
3 Eidotter
3 Semmeln
⅛ l Milch
1 Eßlöffel Mehl
Salz, Muskat
1 Eßlöffel Petersilie
100 g Schinken
10 g Parmesan
3 Eiweiß

In die schaumig gerührte Butter gibt man die Eidotter und verrührt sie gut. Dann kommen die in Milch eingeweichten und gut ausgedrückten Semmeln dazu, die man ein wenig verzupft. Nun werden das Mehl, die Gewürze, der feingewiegte Schinken und der geriebene Käse dazugemischt. Danach schlägt man das Eiweiß zu Schnee. Er wird zum Schluß vorsichtig untergehoben. Man streicht die Masse auf ein gut gefettetes und gebröseltes Backblech und bäckt sie 20 Minuten im Rohr bei guter Mittelhitze. Nach dem Abkühlen schneidet man sie in beliebig große Würferl und gibt sie als Einlagen zur Suppe.

Gulaschsuppe

300 g Rindfleisch
4 Zwiebeln
1 Knoblauchzehe
Salz
60 g Öl
1 Teelöffel Rosenpaprika
1 Teelöffel Paprika edelsüß
5 Eßlöffel Rotwein
1 Eßlöffel Tomatenmark
½ Teelöffel Kümmel
½ Teelöffel Majoran
Pfeffer
1¼ l Wasser
1 Eßlöffel Mehl
2 Eßlöffel Wasser

Bei der Gulaschsuppe müssen Fleisch und Zwiebeln feinwürfelig geschnitten sein. Die Knoblauchzehe wird gehackt und dann mit der Gabel oder dem Messer in Salz zerdrückt. Zuerst werden die Zwiebeln in Öl goldgelb angedämpft, dann kommen der Knoblauch und die Fleischwürferl hinzu. Man brät sie fünf Minuten scharf an, streut die Paprikamischung darauf und löscht mit Südtiroler Rotwein ab, damit der Paprika nicht bitter schmeckt. Dann werden das Tomatenmark und die Gewürze eingerührt. Man gießt mit Wasser oder Fleischbrühe auf und läßt das Ganze zugedeckt eine Stunde weichkochen. Zum Schluß kommt noch ein Mehlteigerl in die Suppe, das sie sämiger macht. Als Einlage gibt es bereits weichgekochte Kartoffelwürferl (oder man läßt sie roh die letzte Viertelstunde mitkochen) und obenauf geröstete Weißbrotwürferl, mit etwas gehackter Petersilie bestreut. Besonders scharf wird die Gulaschsuppe, wenn man einige Peperoni mitkocht.

Fisch

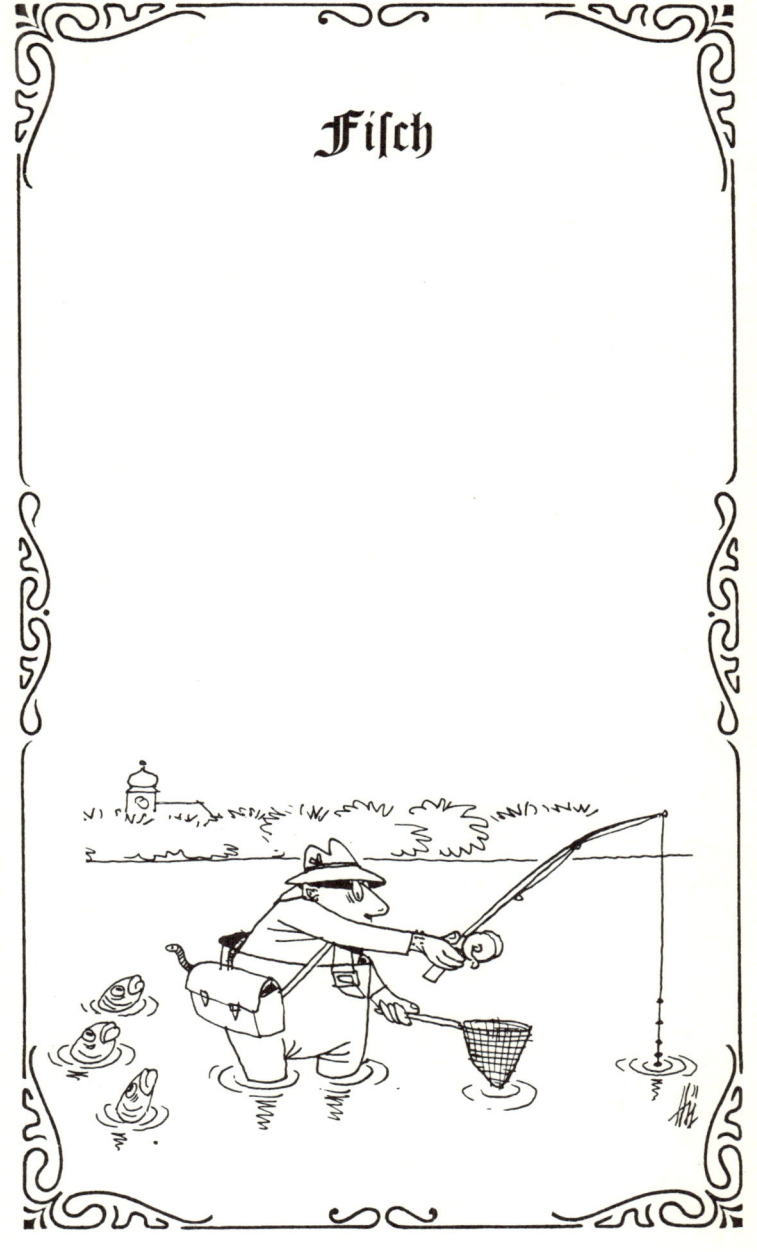

Wenn dieses Kapitel ein wenig schmal ausfällt, so wohl deshalb, weil es keine typischen Südtiroler Kiementräger gibt und man hierzulande die Bewohner der Flüsse und Seen genauso zubereitet wie fast überall. Lediglich beim Blättern in alten Kochbüchern findet man Karpfenrezepte auf »tyroler Art«, die darauf hinauslaufen, die Fischtranchen zuerst in Rindsschmalz zu braten, dann mit Kohl in Butter zu dämpfen und – jetzt kommt wohl das Tirolerische –: mit gebackenen Schnecken und Krebsschwänzen und einer Einbrenne fertigzugaren. – Wem's schmeckt?! Bemerkenswert ist, daß sich der skandinavische Stockfisch bis heute noch hartnäckig in der Südtiroler Fastenküche hält.

Schleien mit Tomatensoße

Die sehr schmackhaften Schleien besitzen viele kleine Gräten. Daher ist es vorteilhaft, sie filetiert zuzubereiten.

5 Eßlöffel Öl	Zucker
3 Schalotten	2 Eßlöffel Brühe
1 Knoblauchzehe	750 g Schleienfilets
750 g Tomaten	2 Eßlöffel Zitronensaft
Salz, Pfeffer	Mehl zum Wenden
1 Teelöffel Parmesan	100 g Butter

Zuerst bereitet man die Soße zu. In einem Tiegel dünstet man in heißem Öl feingehackte Schalotten und eine kleingeschnittene Knoblauchzehe an, gibt die gewürfelten Tomaten hinzu und würzt mit Salz, Pfeffer, geriebenem Parmesan und einer Spur Zucker. Wenn vorrätig, sollten auch zwei bis drei frische, geschnittene Basilikumblätter eingerührt werden. Das Ganze wird eine knappe halbe Stunde dicklich eingedünstet und, falls überhaupt erforderlich, mit etwas Brühe aufgegossen.

Die Fischfilets werden überall mit Zitronensaft beträufelt, mit Salz und Pfeffer bestreut, in Mehl gewendet und in heißer Butter auf beiden Seiten goldbraun gebacken. Beim Anrichten auf einer Platte umgibt man sie mit der heißen Soße.

Blaugekochte Forellen

4 Portionsforellen	5 Pfefferkörner
4 Eßlöffel Essig	5 Pimentkörner
2 l Wasser	1 Zwiebel
⅛ l Essig	1 Petersilwurzel
⅛ l Wein	nach Belieben auch Lauch, Sellerie
1 Eßlöffel Salz	und Karotten
1 Teelöffel Zucker	Petersilkraut
1 Lorbeerblatt	Estragon

Die Fische werden erst kurz vor der Zubereitung getötet, nur mit nassen Händen vorsichtig angefaßt und unter Wasser ausgenommen. Dann legt man sie auf Porzellan und übergießt sie mit heißem Essig. Bis der Blausud vorbereitet ist, werden sie kalt gestellt.

Dieser Sud aus Wasser, Essig und Wein wird mit den anderen oben angeführten Zutaten 20 Minuten gekocht. Falls man auch Lauch, Sellerie oder Karotten mitverwendet, sollte man sie in kleine Würfel oder Ringe schneiden. Das Petersilkraut wird nicht gehackt. Man gibt die Fische in den heißen Sud und reduziert die Hitze bis kurz unter den Siedepunkt. Die Forellen zeigen an, wann sie fertiggegart sind: Die Augen treten dann perlig weiß heraus und die Rückenflosse läßt sich leicht lösen. Je nach Größe der Fische dürfte das in 12–15 Minuten der Fall sein. Dann hebt man sie mit einem Sieblöffel heraus, läßt sie abtropfen und legt sie mit dem Rücken nach oben auf eine vorgewärmte Platte, die mit einer Serviette bedeckt ist.

Die aufgerissene Fischhaut sollte Sie nicht stören. Sie ist eher ein Gütezeichen und beweist, daß die Fische vor zwei Stunden noch am Leben waren.

Stockfischgröstl

1000 g Stockfisch	100 g Butter
Salzwasser	Salz, Pfeffer
500 g Kartoffeln	Kümmel
½ Zwiebel	1 Eßlöffel saurer Rahm
1 Knoblauchzehe	1 Eßlöffel Petersilie

Der nordische Stockfisch hat anscheinend einen Drang nach dem Süden. Denn nur noch in Südfrankreich und in Südtirol ist er gefragt. Hier ißt man ihn zu gerösteten Kartoffeln. Der Stockfisch kommt aus Skandinavien und heißt deshalb so, weil er dort an Stöcken getrocknet wird. Er wird in den Fischgeschäften zur Fastenzeit angeboten und ist bereits vorgewässert. Mit Familiennamen heißt er Dorsch.

Der Stockfisch wird unter fließendem Wasser abgespült, in kaltem Salzwasser zugesetzt, langsam zum Kochen gebracht und abgeschäumt. Dann wird er etwa 20 Minuten knapp unter dem Siedepunkt gehalten. Danach läßt er sich entgräten, häuten und in Stücke schneiden.

Nun werden die Kartoffeln gekocht, geschält, in Scheiben geschnitten und zusammen mit gehackter Zwiebel und Knoblauch in Butter angeröstet. Man würzt mit Salz, Pfeffer und Kümmel. Wenn das Gröstl fast fertig ist, gibt man die Fischstücke hinein und läßt sie mitgaren. Zum Schluß verfeinert man das Gericht noch mit saurem Rahm und streut gehackte Petersilie drüber.

Gedünsteter Stockfisch

50 g Butter
50 g Öl
1 Zwiebel
1 Knoblauchzehe
Petersilie
5 Sardellen

1000 g Stockfisch
Salzwasser
Salz, Pfeffer
⅛ l Weißwein
⅛ l Milch

Man läßt in einem Tiegel Butter und Öl heiß werden und röstet darin Zwiebelwürferl, eine gehackte Knoblauchzehe, gewiegtes Petersilkraut und kleingeschnittene Sardellenfilets an. Dann kommt der in Salzwasser gekochte Fisch dazu (gehäutet und entgrätet). Man würzt mit Salz und Pfeffer und gibt ⅛ l Tiroler Weißwein und eine Tasse Milch hinein. Das Ganze wird im Rohr 20 Minuten gedünstet.

Man kann Stockfisch auch *braten*. Er wird vorbehandelt wie bei »Stockfischgröstl« (s. Seiten 25). Die Fischstücke werden dann gesalzen, gepfeffert, in Mehl gewendet, in Frittatenteig (s. Seite 16) getaucht und in Öl gebacken.

Stockfisch mit Tomaten

1500 g Stockfisch *1 Knoblauchzehe*
Salzwasser *2 Tomaten*
1 Zwiebel *Salz, Pfeffer*
75 g Öl *⅛ l Fleischsuppe*

Die Vorbehandlung des Stockfisches ist genauso wie bei »Stockfischgröstl« (s. Seite 25). Erst wenn er gekocht, gehäutet und von den Gräten befreit ist, verwendet man ihn für dieses Gericht: Man schwitzt gehackte Zwiebeln in Öl mittelbraun (wer mag, kann auch noch eine feingewiegte Knoblauchzehe dazutun) und gibt dann die Fischstücke in den Tiegel. Dazu kommen noch frische, geschälte, in Scheiben geschnittene Tomaten, Salz, Pfeffer und eine Tasse Fleischbrühe. Das Ganze wird zugedeckt gargedünstet.

Stockfisch-Auflauf

750 g Fischfilet *80 g Butter*
1 Zitronenscheibe *250 g geräucherter Bauchspeck*
Suppengrün *3 Semmeln*
Fischgewürz *Salz, Pfeffer*
1 Karotte *1 Tasse Fischsud*
4 Zwiebeln

Für den Auflauf verwendet man Fischfilet, das man gleich so beim Händler kauft, damit man sich zu Hause das zeitaufwendige Wässern und Vorkochen ersparen kann. Man läßt die Filets eine Viertelstunde in Wasser mit Zitrone, Suppengrün, fertigem Fischgewürz und einer Karotte leise ziehen. Während dieser Zeit dünstet man gehackte Zwiebeln in Butter glasig und brät mit ihnen den gewürfelten Räucherspeck an. Im verbliebenen Fett läßt man anschließend Weißbrotwürferl leicht anbräunen. Nun schichtet man die vorbereiteten Zutaten nacheinander in eine feuerfeste Form und zwar in dieser Reihenfolge: Speckzwiebeln – Fisch – Weißbrot. Insgesamt macht man zwei Lagen. Dazwischen streut man Salz und Pfeffer. Das Gericht läßt man bei 200 Grad eine Viertelstunde garen, zusammen mit einer Tasse Fischsud.

Renken mit Nußsoße

4 Renken
1½ l Salzwasser
Saft von ½ Zitrone
⅛ l Weißwein
1 Petersilwurzel mit Kraut
¼ l Rahm

3 Eßlöffel Walnüsse
2 Eßlöffel Kren
1 Prise Salz
½ Teelöffel Zucker
1 Messerspitze Muskat

In einem Sud für Renken (oder auch für Äschen) ist kein Platz für Wurzelwerk und Würzkörner, damit der feine Fischgeschmack erhalten bleibt. Man siedet die Fische in Salzwasser lediglich mit Zitronensaft, Weißwein und Petersilie. Die Fische werden 20 Minuten lang mehr gesotten als gekocht, dann herausgenommen und warm gestellt.

Die Soße ist eine Mischung aus geschlagenem Rahm, geriebenen Nüssen, frisch aus der Wurzel geriebenem Kren, Salz, Zucker und Muskat. Diese Masse wird halb dicklich und ist eine wohlabgewogene Ergänzung zu feinen und feinsten Fischen. Außerdem gehört noch grüner Salat dazu mit ein paar Tomatenscheiben.

Geflügel

»Wann ißt der Bauer a Henn? – Wenn d' Henn krank is oder der Bauer!« Dieses alte Frage- und Antwortspiel gilt auch heute noch auf dem Hof. Es ist nicht üblich, eine Henne wegzutun, wenn sie noch Eier legt. Erst danach wird sie zur »Suppenhenn« erklärt. Nicht bloß in Tirol weiß man, daß eine »Hennersuppen« Kranke wieder »aufricht« und einen schlechten Magen wieder »einricht«. Das Rezept ist so einfach, daß es in diesem Kapitel nicht extra erwähnt zu werden braucht. Das Huhn wird ja nur in beliebige Stücke zerlegt und in Wasser mit Suppengrün und Wurzelwerk gekocht. Das Resultat ist eine gelbliche Brühe mit unzähligen Fettaugen, die als Nudelsuppe am besten schmeckt. Es fehlt unter den Geflügelrezepten auch der Gansbraten, einfach deshalb, weil er wiederum zu einfach ist und in jedem Standard-Kochbuch vorkommt, wovon Sie sicher eines haben. Die Hauptzutaten – Salz, Pfeffer und Wasser – sind überall die gleichen. Als Füllung wird man in Südtirol wohl Äpfel hernehmen.

Die nachfolgenden Gerichte kann man vorerst einmal in guten Wirtshäusern ausprobieren. Dann merkt man gleich, ob es sich lohnt, sie nachzukochen. Wenn S' mich fragen: I glaub scho!

Entenbrüste mit Kartoffelcrêpes (2 Personen)

2 Entenbrüste
Salz, Pfeffer
2 Eßlöffel Olivenöl
Zur Soße:
½ Eßlöffel Zucker
2 cl Wasser
4 cl Weißwein
Saft einer Zitrone
¼ Tasse Geflügelfond
2 Eßlöffel Portwein

50 g Butter
40 weiße Weintrauben
Für die Crêpes:
2 Kartoffeln
2 Eier
4 cl Creme fraîche
Salz, Pfeffer
Muskat
6 Walnußkerne
3 Eßlöffel Öl

Die mit Salz und Pfeffer eingeriebenen Entenbrüste werden mit der Hautseite in das heiße Olivenöl der Pfanne gelegt und im vorgeheizten Rohr bei 210 Grad acht Minuten gebraten. Dann nimmt man sie heraus und stellt sie warm. Sie müssen zehn

Minuten ruhen, damit beim Anschneiden der Fleischsaft nicht herausläuft.

Für die Soße kocht man den Zucker mit einem Stamperl Wasser zu einem leichten Karamel, der mit Weißwein und Zitronensaft abgelöscht wird. Dann gießt man den Geflügelfond (oder Hühnerbrühe) und den Portwein dazu und läßt alles 10 Minuten kochen und reduzieren. In die fast verdampfte Flüssigkeit gibt man anschließend die Butter und gleichzeitig die abgezogenen und entkernten Weintrauben. Alles wird noch einmal erhitzt.

Für die Crêpes drückt man zwei gedämpfte mittelgroße Kartoffeln durch und vermengt diese Masse in einer Schüssel mit Eiern, Creme fraîche, den Gewürzen und feingehackten Walnußkernen. Dann formt man kleine Crêpes und bäckt sie in heißem Öl goldbraun aus.

Im Gasthof Stafler in Mauls an der alten Brennerstraße werden die Entenbrüste in dünnen Scheiben auf vorgewärmte Teller verteilt und die Crêpes mit Petersilie bestreut.

Gefüllter Fasan (2 Personen)

1 Fasan
50 g Kastanien
½ Apfel
Salz, Pfeffer
125 g Wurzelwerk
3 Eßlöffel Öl
3 Salbeiblätter
1 Rosmarinzweig
⅛ l Weißwein
2 Eßlöffel Stärkemehl
¼ l Fleischbrühe
½ Pfund weiße Weintrauben
½ Tasse süßer Rahm
40 g Butter

Man füllt den ausgenommenen und gesäuberten Fasan mit geschälten, halbierten Edelkastanien und etwa gleichgroßen Äpfelwürfeln, würzt ihn mit Salz und Pfeffer, umgibt ihn mit geschnittenem Wurzelwerk wie Zwiebeln, Porree und Sellerie und läßt ihn in der Reine in Öl eine Stunde bei 200 Grad braten. Dabei zieht er das Aroma von Salbei und Rosmarin ein; außerdem kriegt er dreimal ein Achterl Weißwein zu trinken. Danach nimmt man ihn aus dem Rohr, stellt ihn warm und macht die Soße fertig. Dabei schöpft man vorher das Öl ab. Dann dickt man sie mit etwas Stärkemehl ein, gibt kräftige Fleischbrühe hinzu, außerdem handverlesene schöne weiße Weintrauben und rührt noch süßen Rahm und einen kleinen Batzen Butter in die Reine. Das Ganze läßt man – umrühren nicht vergessen – noch eine Viertelstunde köcheln. Wenn der Fasan mit Geflügelschere und Messer tranchiert wird, tut man die Kastanien und Äpfelwürfel aus der Füllung noch einige Minuten in die Soße zum Mitbrodeln.

Beim Unterwirt in Feldthurns hat's dazu natürlich »a guates Weinderl aus Südtirol« gegeben und Blaukraut. Feldthurns liegt übrigens zwischen Brixen und Klausen, aber noch drob'n auf'm Berg, gleich unter den funkelnden Sternen, wie es im Heimatlied heißt. Wenn man dem Eisacktaler Wein zu sehr zuspricht, dann fangen sie sogar zu flunkern an...

Wildente mit Orangensoße

1 Wildente (ca. 1500 g)
Salz, Pfeffer
Für die Fülle:
Milch
1 Scheibe Weißbrot
50 g Butter
1 Ei
1 Eßlöffel Walnüsse
Schale von ¼ Orange

Schale von ¼ Zitrone
Salz, Pfeffer
Thymian
Zum Braten:
4 Speckscheiben
2 Eßlöffel Öl
¼ l Fleischbrühe
Saft von 2 Orangen
2 Stamperl Orangenlikör

Die bratfertig vorbereitete Wildente wird außen nur mit Salz, innen aber mit Salz und Pfeffer eingerieben. Die Fülle besteht aus in Milch eingeweichtem und ausgedrücktem Weißbrot, zerlassener Butter, einem Ei, geriebenen Walnußkernen, etwas Orangen- und Zitronenschale sowie Salz, Pfeffer und Thymian. Mit diesem Gemenge wird der Vogel gestopft und die Bauchhöhle dann zugenäht. Nun belegt man die Ente rundherum mit dünnen, rohen Speckscheiben und bindet diese fest. Sie wird mit der Bauchseite in die Reine gelegt und in heißem Olivenöl rundum gut angebraten. Sobald der Speck zu bräunen beginnt, gießt man die Fleischbrühe dazu. Nach einer halben Stunde Bratzeit gibt man den Saft von zwei Orangen daran, dreht die Ente auf den Rücken und läßt sie in weiteren 30 bis 40 Minuten bei

210 Grad fertiggaren. Falls zuviel Flüssigkeit verdampft, muß man mit etwas Fleischbrühe ausgleichen. Eine Viertelstunde vor Fertigstellung wird der Speck abgenommen, die Ente mit Orangenlikör übergossen und die Temperatur im Rohr um 10 Grad erhöht.
Man serviert die tranchierte Ente mit Orangenspalten und ißt dazu Blaukraut und Kartoffel- oder Kastanienpüree.

Tiroler Spielhahn

1 Spielhahn (Birkhahn) *½ Zwiebel*
Rotweinbeize (s. Seite 64) *¼ l Rindssuppe*
Salz, Pfeffer *⅛ l Rotwein*
ca. 100 g Speck *2 Eßlöffel Sauerrahm*
Bratfett

Vom selten gewordenen Birkwild dürfen nur die Hahnen geschossen werden. Der Name Spielhahn erklärt sich aus den Schwanzfedern, die in der Jägersprache »Spiel« heißen.
Man legt den Hahn ein bis zwei Tage in die Beize, tupft ihn anschließend trocken, würzt ihn und umwickelt ihn mit dünnen Speckscheiben. Dann läßt man in einem Tiegel ein wenig Fett zerlaufen, gibt die gehackte Zwiebel dazu und brät den Hahn rundum an. Danach kommt das Wurzelwerk der Beize hinzu. Abgelöscht und öfters aufgegossen wird mit einer guten Fleischbrühe. Wenn der Hahn weichgegart ist, nimmt man ihn heraus und stellt ihn warm. Die verbliebene und durchpassierte Soße wird mit Rotwein aufgekocht und mit Sauerrahm verfeinert. Man gießt sie über den tranchierten Vogel.

Perlhuhn in Rotwein

1 Perlhuhn *1 Karotte*
4 Eßlöffel Olivenöl *30 g Lauch*
4 Eßlöffel Rotwein *2 Eßlöffel Grünzeug*
Salz, Pfeffer *1 Teelöffel Kresse*
edelsüßer Paprika *2 mal ⅛ l Rotwein*
Majoran *⅛ l Fleischbrühe*
1 Zwiebel *2 Eßlöffel Honig*
50 g Pflanzenfett *2 Eßlöffel Rahm*

◁ *Bauernbratl mit Krautspecksalat,*
Rezepte auf S. 49 und S. 77

Ob Hahn oder Huhn, das Perlgeflügel ist eine besondere Delikatesse. Das bratfertig hergerichtete Geflügel wird durch einen Längsschnitt mit der Schere halbiert, und die zwei Hälften werden wiederum mit je einem Querschnitt geteilt. So erhält man zwei Brüstl mit Flügel und zwei Haxl. Man gibt sie in eine Schüssel zu einer milden Öl-Rotwein-Beize. Darin beläßt man sie drei Stunden, wobei man das Fleisch hin und wieder durchschwenkt. Danach reibt man die Fleischstücke mit einem Gemisch aus Salz, weißem Pfeffer, edelsüßem Paprika und getrocknetem Majoran ein. In einer großen Pfanne oder in einer Reine wird eine gehackte Zwiebel in Pflanzenfett angeschwitzt. Dann gibt man kleingeschnittenes Wurzelwerk, gehacktes Grünzeug bzw. gerade anfallende Gartenkräuter und etwas Kresse hinzu. Das Ganze wird mit einem Achtelliter Rotwein abgelöscht und mit Fleischbrühe aufgegossen. In gut einer halben Stunde ist das Geflügel durchgegart (auf dem Herd zugedeckt, im Rohr offen), wird herausgenommen und warm gestellt. Dann verfeinert man die durchpassierte Soße noch mit dem restlichen Rotwein, Honig und Rahm.

Suppenhenne in Krensoße

1 Henne
1 l Wasser
½ Pfund Kren
125 g Hasel- oder Walnüsse
1 Zwiebel

30 g Butter
1 Eßlöffel Mehl
¼ l Rahm
Salz
Muskat

Die Henne wird mit der Geflügelschere in acht Teile geschnitten und kalt in leicht gesalzenem Wasser zugesetzt. Sobald dies zu kochen beginnt, gibt man den frisch geriebenen Kren und die gemahlenen Nüsse sowie eine Zwiebel in Vierteln hinzu. Nach etwa 1½ Stunden ist das Fleisch weich, wird aus dem Tiegel genommen und warm gestellt. Die Haut zieht man ab. Jetzt wird die Brühe zur Soße gemacht. Man gibt eine Buttermehl-Kugel hinein und läßt diese zergehen. Bei milder Hitze läßt man süßen Rahm einfließen und schmeckt mit Salz und etwas Muskat ab. Die Soße wird durchpassiert über das Fleisch gegeben. Kartoffeln passen gut dazu.

Fleisch

Jetzt geht's genga Weihnachten,
da dean d'Bauern d'Sau schlachten.
Nacha geht's genga d'Liachtmessen (2. Februar),
da ham sie's wieder z'sammgfressen.

Ein alter Spruch, der gegolten hat, bis die Tiefkühltruhe erfunden wurde. Die müssen wir uns einmal ganz wegdenken, dann erst kann man sich in die voreiszeitliche Ära hineinversetzen mit ihren besonderen Problemen für die Vorratshaltung von Fleisch, speziell von Schweinerm und Rindfleisch. Ein Schaf oder ein Geißkitzl hat man leicht auf einmal verschnabulieren können, besonders wenn viele Dienstboten auf dem Hof waren. Die »großen Tiere« aber mußte man für den Eigenverbrauch auf Vorrat herrichten, und ein Mensch mit guter Beobachtungsgabe wird irgendwann einmal draufgekommen sein, daß sich die Kombination von Salz und Rauch lebensverlängernd auf das Fleisch auswirkt. So entstand der weltberühmte Tiroler Speck. Freilich leistete man sich das Selchfleisch nicht alle Tage, sondern nur an den »heiligen Zeiten«, also an hohen Feiertagen und zu Festen wie Hochzeit und Kindstaufe. Frisches (grünes) Fleisch gab's natürlich an den winterlichen »Stichtagen«, und da sorgte ein praktischer Erfindergeist dafür, daß nichts verlorenging. »Stichworte« wie Beuschel, Sulze, Blutmus oder Kutteln sagen eigentlich schon alles. Da der Bauer von dem lebt, was er an Getreide, Milch und Vieh verkaufen kann, waren der Stadtmetzger und der Viehhändler seine natürlichen Ansprechpartner. Der Handel wurde nicht selten erst dann perfekt gemacht, wenn einer vom anderen glaubte, ihn sauber ausgeschmiert zu haben. Die Hausfrauen und Köchinnen in den Bürgerhäusern hatten den Nutzen davon, weil sie immer frische Ware bekamen. So ist es kein Wunder, daß sich die delikateren Gerichte in den städtischen Küchen entwickelten. Daß es ein »Bauerngröstl« gibt und ein »Herrengröstl«, zeigt schon den Unterschied.
Ja, so war's einmal. Heut, wo viele Landwirte nebenbei noch eine Pension betreiben, wird im Fremdenverkehrsland Südtirol den Gästen in der Bauernstube dasselbe vorgesetzt wie in der Wirtsstube, wenn es verlangt wird.

Schaf und Ziege

Bauernschöpsernes

50 g Öl
2 Zwiebeln
1200 g Schaffleisch
Pfefferkörner
Neugewürzkörner (Piment)
1 Lorbeerblatt
Rosmarin
Salz
Salbei
Estragon
1 Eßlöffel Mehl
⅛ l Rotwein
¾ l Fleischbrühe
1000 g Kartoffeln
4 Karotten
Paprika

In heißem Öl werden die Zwiebelwürferl angeschwitzt, dann kommt sofort das in sechs bis acht Stücke geschnittene Fleisch dazu. Es stammt aus der Schulter oder vom Schlegel, auch Brustfleisch darf dabei sein. Man brät es zehn Minuten an und würzt dabei mit Pfeffer- und Neugewürzkörnern, einem zerriebenen Lorbeerblatt, etwas Rosmarin, Salz, Salbei und Estragon. Man kann die Gewürze auch, in ein Leinensäckchen gebunden, ans Fleisch legen. Es wird mit ein wenig Mehl bestäubt und dann mit Rotwein und Fleischsuppe aufgegossen. Dann deckt man den Tiegel zu und läßt alles eine Stunde kochen. Erst jetzt gibt man die in Viertel oder Achtel geschnittenen Kartoffeln und die Karottenscheiben hinein. Das Ganze muß noch zwanzig Minuten kochen, wird mit Paprika abgeschmeckt und heiß serviert.

Schöpseneintopf

1 Zwiebel
60 g Butter
750 g Schaffleisch
Salz, Pfeffer
1 l Fleischbrühe
1 Wirsingkopf
200 g Sellerie
200 g Karotten
600 g Kartoffeln
Petersilkraut
Selleriekraut
Butterflocken

Man schwitzt im Topf eine kleingewürfelte Zwiebel in der Butter an und gibt die Fleischbrocken hinzu, wovon jeder an die 70–100 g wiegen soll. Sie werden vorwiegend aus der Schulter geschnitten. Es wird kräftig gesalzen, gepfeffert und alles gut angebraten. Dann gießt man ¾ l heiße Fleischsuppe hinzu, rührt

einmal um und läßt das Fleisch bei geschlossenem Deckel eine Viertelstunde lang dämpfen.
Inzwischen schneidet man den Wirsing und die Sellerieknolle in acht bis zehn Stücke und die Karotten in dicke Scheiben. Die Kartoffeln werden durch vier, größere durch acht geteilt. Dies alles gibt man jetzt über das Schöpserne im Tiegel, bestreut es mit grobgezupftem Suppengrün, gießt die restliche Fleischbrühe hinzu und läßt alles zugedeckt gardünsten. Man sollte möglichst wenig umrühren oder es noch besser ganz vermeiden, damit die Kartoffeln ihre Form behalten. Insgesamt beträgt die Kochzeit eine Stunde. Der Eintopf wird sehr heiß serviert. Vorher läßt man noch einige Butterflocken einziehen.

Schöpsernes in Rotwein

2 Pfund Schaffleisch (1000 g)
125 g Räucherspeck
4 Tomaten
Zur Beize:
½ l Rotwein

1 Eßlöffel Thymian
1 Lorbeerblatt
5 Wacholderbeeren
5 Pfefferkörner
2 Knoblauchzehen

Man schneidet ein schönes Stück Schaffleisch aus der Schulter und gibt es mindestens zwölf Stunden lang in eine Beize, die kalt aus gutem Tiroler Rotwein angesetzt wird. Darinnen sind ferner noch ein Sträußel frischer Thymian (getrocknet nur 1½ Teelöffel voll), ein Lorbeerblatt, je fünf zerdrückte Wacholderbeeren und Pfefferkörner und zwei durch die Presse gedrückte Knoblauchzehen. Zusammen mit dieser Marinade kommt das Fleisch dann in den Kochtopf. Wenn die Flüssigkeit heiß ist, gibt man in Würferl geschnittenen durchwachsenen Räucherspeck hinzu und die Tomatenviertel. Dann wird das Gericht zugedeckt. Es darf nie richtig aufwallen, sondern vier Stunden lang nur leise ziehen.

Geißkitz in Wurzelwerk

½ Kitz
Salz, Pfeffer
125 g Butter
1 Lorbeerblatt
1 Salbeiblatt
etwas Rosmarin

1 Zwiebel
40 g Sellerie
40 g Lauch
1 Karotte
¼ l Weißwein
½ l Fleischbrühe

Das Fleisch wird heiß überbraust, abgetrocknet und mit Salz und Pfeffer eingerieben. Es wird in eine Pfanne mit reichlich zerlaufener Butter gelegt, umgeben von Kräuterblättern und grobgewürfeltem Wurzelwerk. Zugedeckt muß das Kitzl darin eine Stunde braten, wird aber in dieser Zeit einmal gewendet und immer wieder mit Tiroler Weißwein und Fleischbrühe begossen, bis die Flüssigkeit verbraucht ist.

Gekräuterter Geißbraten

1 Ziegenrücken (2–3 Pfund)
Kräutermantel aus:
Liebstöckel
Kerbel
Rosmarin
Majoran und
Pfefferminze
Salz, Pfeffer
30 g Öl
75 g Butter

Röstgemüse (Sellerie, Lauch, Karotte)
1 Zwiebel
1 Lorbeerblatt
1 Ingwerwurzel
1 l Fleischbrühe
Mehlbutter
2 Eidotter
⅛ l Weißwein
250 g Schwammerl

Man hackt frische Kräuter zusammen in einer Vielfalt, wie man sie bekommen kann. Der oben angegebene »Kräutermantel« ist keine Rezeptvorschrift, aber eine gute Empfehlung. Getrocknete Kräuter schmecken intensiv (kleinere Mengen), frische aber viel feiner. Man reibt das Fleisch mit der Kräutermischung ein und läßt diese über Nacht einwirken. Vor dem Anbraten muß man sie allerdings entfernen, da sie verbrennen würde.

Das mit Salz und Pfeffer stark gewürzte Fleisch kommt jetzt in die Reine zu heißem Öl. Es wird hin und wieder auch mit Butter bepinselt. Ferner kommt grobgeschnittenes übliches Röstgemüse hinzu, wie Sellerie, Lauch, Karotte, und eine Zwiebel. Die

Garzeit im Rohr beträgt eine Stunde bei 190 Grad. Zur »Halbzeit« gibt man noch ein Lorbeerblatt und eine Ingwerwurzel (zweimal durchgeschnitten) hinzu. Es wird während des Bratens immer wieder mit Fleischbrühe aufgegossen. Damit die Soße sämig wird, läßt man in ihr eine Buttermehlkugel (30 g Mehl, 30 g Butter) zerlaufen. Zum Schluß legiert man sie mit dem Verquirlten aus zwei Eidottern und einem guten Schuß Tiroler Weißwein. Vorblanchierte, blättrig geschnittene Schwammerl der Saison, notfalls nur Champignons, werden ebenfalls noch eingerührt.

Bocksbraten (10—12 Personen)

2½ kg Fleisch
200 g Speck
5 Eßlöffel Öl
Zur Marinade (Beize):
80 % Wasser
20 % Essig
Beizgewürz (3 Pimentkörner
3 Pfefferkörner,
5 Wacholderbeeren, 1 Zwiebel,
3 Nelken, 2 Knoblauchzehen,
1 Lorbeerblatt)
Wurzelwerk (Sellerie, Lauch,
Karotten, Suppengrün)
1 Apfel

Zur Soße:
1 l Rahm
½ l Fleischbrühe
½ l Beizflüssigkeit
Zur Einbrenne:
1 Eßlöffel Honig
30 g Mehl
30 g Butter
Zur Legierung:
2 Eidotter
1 Stamperl Rum
1 Karotte
1 Eßlöffel Petersilie

Ein Geißbock riecht im Leben anders, als er gebraten schmeckt. Ziegenhalter wissen das und beherzigen beim Schlachten eines solchen Tieres unbedingt notwendige Vorsichtsmaßnahmen. Das wichtigste dabei ist, daß der Mann, der dem Bock die Decke abzieht, nicht mit dem Fleisch in Berührung kommt und umgekehrt. Denn die »duftenden« Hormonstoffe hat der Ziegenvater ausschließlich in seinem »Mantel« verteilt. Das Fleisch selbst »böckelt« kaum. Bei älteren Tieren ist allerdings eine zweitägige Marinade angebracht; jüngere müssen darin nur zwei Stunden zubringen.

Man schneidet das Fleisch aus Hals, Schlegel, Schulter oder Rücken in größere Teile und legt sie in die Essigbeize. In ihr sind enthalten: Pimentkörner (Neugewürz), Pfefferkörner, Wacholderbeeren, Zwiebel, Nelken, Knoblauchzehen, Lorbeerblatt und kleine Stücke vom Wurzelwerk. Außerdem schwimmen ein paar Äpfelschnitz darin.

In einer großen Reine wird der feingewiegte Speck im Öl ausgelassen. Man legt die gebeizten und abgetrockneten Fleischstücke in dieses heiße Fett, nimmt aber die vorher entstandenen Graipm (Grieben) heraus, die man für eine spätere Verwendung aufhebt. Das Fleisch wird bei 180 Grad eine Stunde gebraten, hin und wieder gewendet, wobei Rahm zugegossen wird. Danach nimmt man es heraus, wickelt es in eine Folie und stellt es warm.

Nun bereitet man in der Reine die Soße zu. Dabei wird der Bratfond mit Fleischbrühe abgelöst, mit durchpassierter Beizflüssigkeit begossen, aufgekocht und mit einer Honigeinbrenne versehen.

Danach kommt das Fleisch wieder in die Reine und wird mit einer Legierung aus Eidottern und Rum fertiggeköchelt. Man raspelt noch eine Karotte darüber und bestreut mit gehackter Petersilie. Auch die ausgelassenen Grieben kommen in die Soße.

Schwein

Kleine Speckkunde

Wenn im Tiroler Küchen-Sprachgebrauch von »Speck« die Rede ist, dann meint man in den allermeisten Fällen das schwarzgeräucherte fette Fleisch des Schweines, wenn es auch schneeweiß ist. So wollen wir es auch bei unseren Rezepten halten, außer es ist auf diesen Umstand ohnehin hingewiesen (z. B. »Räucherspeck«). Nicht behandelten Speck nennen wir rohen oder grünen Speck, wiederum ohne Rücksicht auf seine weiße Weste. Es ist hier jedoch anzumerken, daß mancher Speck rötlich durchschimmert (besonders Schinkenspeck).
Es gibt auch den Sur-Speck. Das ist nichts anderes als eingesalzenes fettes Schweinefleisch zum Zweck der Haltbarmachung oder als Vorstufe zum Selchen bzw. Räuchern. Warum schmeckt eigentlich der Tiroler Bauernspeck so unvergleichlich gut und würzig, eigentlich unnachahmlich? Ein Außenstehender wird's wohl nie ergründen, was dem Bergbauern eine Selbstverständlichkeit ist. Er hat erstens einmal das selbstgefütterte Schwein, er wählt den richtigen »Stichtag« vor Wintereinbruch, er kann sich Zeit lassen mit der Sur (Pökelung), und er weiß aus Erfahrung, welches Holz dem Rauch die richtigen Aromastoffe für das Fleisch gibt. Eine Mischung aus Buchenscheiten, Kronawittzweigen (Wacholderstauden) und Weinstockholz soll die beste sein. Gut einen Monat lang hängt der Speck in der Selchkammer, umfächelt von »kaltem Rauch« (nicht über 20 Grad). Danach wird er in einem luftigen Raum aufbewahrt. Da zieht er dann noch die Tiroler Luft, Luft, Luft ein. Die es nur dort gibt. Drum ist der Tiroler Speck so gut!

Hausmachersulze

½ Saukopf
300 g Bauchfleisch (Wammerl)
2 Schweinsfüßl
1 Kalbsfuß
1 kleines Stück Schwarte
Zum Sud:
Salzwasser
1 Zwiebel
4 Nelken
1 Karotte
1 Petersilwurzel
¼ l Essig
5 Pfefferkörner
5 Pimentkörner (Neugewürz)
1 Lorbeerblatt
1 Zitronenscheibe
2 Eiweiß
Einlagen nach Belieben

Das Fleisch mit Bein läßt man sich am besten vom Metzger vorbereiten: den Saukopf in zwei oder drei Teile hacken und die Füßl querhauen. So wird es zusammen mit dem Wammerl und einem schmalen Streifen von der Bauchschwarte im Sud kalt zugesetzt.
Dieser besteht aus so viel kräftig gesalzenem Wasser, daß die Fleischteile und das Wurzelwerk gut bedeckt sind. Die Zwiebel ist dabei halbiert, und in jeder Hälfte stecken zwei rasse Nagerl. Die Karotte bleibt ganz, ebenso die Petersilwurzel. Für den guten Geschmack sorgen Essig, Pfefferkörner, Piment, ein Lorbeerblatt und eine Zitronenscheibe. Das alles läßt man zwei Stunden leise kochen. Sich bildender brauner Schaum wird abgeschöpft. Dann wird das Fleisch herausgenommen, von den Knochen gelöst und in Stücke geschnitten.
Die Brühe gießt man durch ein Sieb in ein anderes Gefäß um und läßt sie so weit erkalten, daß man das Fett abheben kann. Dann kocht man sie wieder auf und rührt gleichzeitig den vorher halbsteif geschlagenen Eischnee hinein. Jetzt nimmt man das Gefäß vom Feuer und wartet, bis sich auf der Brühe eine Haut gebildet hat. Sie ist nichts anderes als das Eiweiß, das alle Trübstoffe angezogen und aufgefangen hat. Die Haut wird entfernt, und man hat eine klare Sulze zur Verfügung, die man nach Belieben verwenden kann, zum Beispiel kann man sie in einer Schüssel oder Kastenform über das Fleisch gießen, vermischt mit harten Eiern, der zurückbehaltenen Karotte, Essiggurken, Tomaten (alles in Scheibchen), oder man gibt sie in Suppentellern zum Fleisch. Sobald nach einigen Stunden die Sulze starr und

steif ist, kann man sie aus den verwendeten Gefäßen stürzen und sich Scheiben davon abschneiden. In Südtirol ist's so der Brauch. Man richtet sie mit Zwiebelringen, Essig und Öl an. Schmecken tut's am Vormittag (zur Vormas) genausogut wie nachmittags zur Marende, die in Bayern »Brotzeit« heißt.

Ofen-Blutmus

600 g Mehl
4 Semmeln
40 g Hefe (Germ)
¼ l Milch
125 g Sultaninen

¼ l Blut
125 g Zucker
Salz
Filz (Flomen, Bauchfett)
Schweinenetz

Man vermischt in der Schüssel das Mehl mit den Semmelwürfeln, drückt in die Mitte eine kleine Grube, bröckelt da hinein die Hefe, umgießt diese mit ein wenig lauwarmer Milch und deckt diesen Hefe-Ansatz mit einem Löffel voll Mehl zu. Inzwischen kann man die Sultaninen kurz aufkochen lassen (das Wasser hernach wegschütten). Bis dahin ist das Dampfl so gut gegangen, daß man es mit den übrigen Zutaten verrühren kann, also mit den Weinbeerln, der lauwarmen Milch, dem leicht erwärmten Blut, dem Zucker und einer gehörigen Prise Salz. Auch feingeschnittener Filz (Flomen) gehört in den weichen Germteig, der in eine Auflaufform gefüllt wird, die mit Schweinenetz ausgelegt ist. So wird er 50 Minuten bei 200 Grad im Ofenrohr gebacken. Das Blutmus gab es an den Schlachttagen; es wurde heiß zu kalter Milch gegessen.

Zum Saustich wurden auch die *Blutnudeln* gemacht. Lediglich aus Mehl, Blut, Salz und etwas Wasser rührte und knetete man einen Teig zusammen, den man nach einer kurzen Rastpause dünn auswellte und zu Streifen schnitt. Sie wurden in Salzwasser gekocht, mit brauner Butter abgeschmälzt und mit Reibkäse bestreut.

Ofenleber

150 g Bauchfleisch
500 g Leber
100 g Lunge
100 g Herz
1 Zwiebel
4 Semmeln
2 Knoblauchzehen

2 Kartoffeln
3 Eßlöffel Mehl
2 Eier
Salz, Pfeffer
Majoran, Petersilie
Schweinenetz
50 g Speckscheiben

Das ist ein Gericht für die Schlachttage, wenn alles frisch vorrätig ist. Man schneidet das fette Bauchfleisch, die Innereien und die Zwiebel in Stücke, so daß man sie bequem durch den Wolf drehen kann. Auch die in Wasser eingeweichten und gut ausgedrückten Semmeln und die Knoblauchzehen müssen durch die Maschine. Das alles wird in einer Schüssel aufgefangen und mit geriebenen rohen Kartoffeln, Mehl, den Eiern, Gewürzen und dem gehackten Petersiliengrün gut vermengt. Dann belegt man eine Auflaufform mit so viel Schweinenetz, daß man den eingefüllten Teig oben auch noch bedecken kann. Außerdem kommen noch einige dünne Speckscheiben drauf. Das Gericht wird eine Stunde bei guter Mittelhitze im Ofenrohr gebacken. Drum heißt es auch Ofenleber. Es paßt zu heißer Nudelsuppe, zu Kraut und zu Knödeln.

Bauerngröstl

60 g Fett
200 g Räucherspeck
2 Zwiebeln (300 g)
250 g Rindfleisch
125 g Schweinsbraten

2mal ½ Tasse Fleischbrühe
Salz, Pfeffer
1200 g Kartoffeln
200 g Wurst
Petersilie zum Bestreuen

Das einfache Gröstl (es gibt noch ein Herrengröstl, s. Seite ✉) kommt schon deshalb öfters auf den Tisch, weil immer wieder Fleischreste anfallen, die man dazu gut verwenden kann. Weil aber fast in jedem Haushalt andere Überbleibsel auf die große Pfanne warten, sind die Gröstl-Rezepte sehr vielfältig. Das hier ist sozusagen die Standard-Ausführung.
Alle festen Zutaten werden zu Würfeln geschnitten, die Zwiebeln in ganz kleine. Sie kommen als erste in die Pfanne zu heißem

zerlaufenen Fett und durchwachsenem Räucherspeck. Sobald die Zwiebeln zu bräunen beginnen, gibt man das geschnetzelte, stets schon gekochte oder gebratene Fleisch dazu und rührt alles kräftig durch. Aufgegossen wird mit ½ Tasse heißer Fleischbrühe, gewürzt mit Salz und Pfeffer. Man läßt einige Minuten unter Rühren und Schwenken dahinbrodeln, dann kommen die gekochten Kartoffeln hinzu und Wurstreste. Wenn die Erdäpfel angeröstet sind, wird wieder mit Fleischbrühe aufgegossen, durchgeköchelt und dann, mit Petersilie bestreut, serviert. Das Gröstl sollte immer leicht suppig sein. – Wem's so schmeckt, der kann auch noch zwei Eier mit etwas Milch verquirlen, über das Gericht geben und stocken lassen.

Netzlaiberl

500 g Schweinefleisch
2 Zwiebeln
1 Knoblauchzehe
1 Eßlöffel Majoran
1 Teelöffel Thymian
1 Messerspitze Muskat
Salz, Pfeffer
2 Eßlöffel Gartenkräuter

70 g Schweineschmalz
1 Eßlöffel Essig
1 kg Kartoffeln
1 Fenchelknolle
1 Teelöffel Kümmel
1 Schweinenetz
Schnittlauch zum Bestreuen

Man nimmt dazu saftige Stücke vom Hals oder von der Schulter. Das Fleisch wird in Würfel geschnitten und mit den Zwiebeln und einer Knoblauchzehe durch den Wolf gedreht. Diese Masse würzt man mit Majoran, Thymian, Muskat, Salz, Pfeffer und gehacktem Grünzeug der Saison. Petersilie sollte dabei nicht fehlen. Das alles wird in Schweineschmalz gut durchgeröstet, mit Essig abgeschreckt und auf Sparflamme gestellt.
In einem anderen Topf werden halbierte geschälte Kartoffeln und eine geviertelte Fenchelknolle in Salzwasser gekocht, mit Kümmel gewürzt und dann püriert. Diesen Kartoffelstampf mengt man mit der Fleischmasse zusammen. Dann breitet man auf der Arbeitsfläche ein Schweinsnetz aus und verteilt darauf aus dem Teig geformte gut semmelgroße Laibchen. Man muß dabei so viel Abstand halten, daß aus dem Netz genügend große Vierecke geschnitten werden können, in die man die Bällchen

eindreht. Sie werden mit der verknoteten Stelle nach unten nebeneinander in eine ausgebutterte Reine oder Pfanne geschichtet und im Rohr eine Viertelstunde heiß durchgegart. Die Laibchen können nicht anbrennen, weil die Netzadern Fett abgeben. Sie werden mit Schnittlauch bestreut angerichtet. Man ißt gern Krautspecksalat dazu.

Jagerfleisch

8 Schweinsschnitzel (je 100 g)	1 Eßlöffel Petersilie
Salz, Pfeffer	1 Eßlöffel Mehl
Öl als Bratfett	¼ Tasse Wasser
1 Zwiebel	4 Eßlöffel Sauerrahm
150 g Surspeck	⅛ l Fleischbrühe
4 Kapern	1 Teelöffel Zitronensaft
2 Sardellen	

Weil es auch ein »Jägerfleisch« vom Rind gibt, lassen wir diesmal die zwei Tüpferl auf dem »a« aus und lassen es dafür den Jagern gut schmecken.

Die Schnitzel werden gesalzen, gepfeffert und in einer Pfanne in wenig Öl beiderseits scharf angebraten. Dann gibt man sie mit dem verbliebenen Fett in einen mehr breiten als hohen Topf oder in eine Reine (Platzfrage!) und streut das Feinverwiegte aus einer Zwiebel, gesurtem Speck, Kapern, Sardellen und etwas Petersilkraut darüber. Nebenher hat man in einer Tasse Mehl, Wasser, Sauerrahm, Fleischbrühe und einen Spritzer Zitronensaft zusammengerührt. Diese Flüssigkeit gießt man dazu und läßt die Schnitzel weichdünsten.

Bauernschmaus

1 Eßlöffel Fett	500 g Selchkarree
500 g Schweinskarree	750 g Sauerkraut
Knoblauch	10 Wacholderbeeren
Salz	1 Lorbeerblatt
Kümmel	etwas Fett
¼–⅜ l Wasser	1–2 Kartoffeln

Da es sich bei dem Karree oder Kotelettstück um ein recht mageres Fleisch handelt, läßt man zum Anbraten in der Reine

etwas Fett zerlaufen, bevor man das mit Knoblauch eingeriebene, gesalzene und mit Kümmel gewürzte Rückenstück einlegt. Es muß gut eine Stunde bei 210 Grad braten, während man hin und wieder mit heißem Wasser aufgießt.
Zum Bauernschmaus gehört auch ein Stück geräuchertes Karree, das man eine Stunde kocht. Zur rechten Zeit müssen auch die Salzkartoffeln zugesetzt, die Speckknödel eingelegt und die Frankfurter Würstl (Wiener) ins ziehende Wasser getan werden, damit alles zusammen gleichzeitig fertig ist.
Angerichtet wird der Bauernschmaus auf einem Berg Sauerkraut, das man in Wasser mit einer Prise Salz, Wacholderbeeren, einem Lorbeerblatt und ein wenig Fett kocht. Etwa nach einer Stunde reibt man rohe Kartoffeln darüber und rührt sie mit ein. Sie sollen noch eine Viertelstunde mitköcheln.
Während die Wahl der Würstl zur Kür gehört, ist die Beigabe von Speckknödeln (Rezept Seite 88) zu diesem Gericht Pflicht.

Erdäpfelbratl

750 g Schweinefleisch
1 Knoblauchzehe
Salz
½ Teelöffel Kümmel
1 Eßlöffel Öl
Mehl
40 g Fett

⅛ l Weißwein
⅜ l Wasser
1 Sträußl Rosmarin
750 g Kartoffeln
1 Doppelstamperl Öl
1 Teelöffel Salz
Petersilie

Das Fleisch aus der Schulter schneidet man in vier Teile und reibt jedes mit zerdrücktem Knoblauch, Salz, gemahlenem Kümmel und ein paar Tropfen Öl ein. Dann taucht man sie auf einer Seite in Mehl und gibt sie (Mehl unten) in einen Tiegel zu zerlaufenem heißem Fett. Die Fleischschnitten werden auf jeder Seite braun angebraten, dann löscht man mit Weißwein ab und gießt ⅛ l heißes Wasser dazu. Zusammen mit einem Sträußl Rosmarin wird das Fleisch zugedeckt halbweich gedünstet. Während dieser Zeit bräunt man rohe Kartoffelviertel oder -achtel in Öl an, die dann über das halbfertige Fleisch geschichtet werden. Man bestreut sie mit Salz, gießt seitwärts heißes Wasser zu und gart alles fertig. Die Kartoffeln sollen nicht mit der Flüssigkeit in

Berührung kommen, sondern nur mit dem Dunst. Insgesamt kommt man mit ⅜ l Wasser aus. Nicht umrühren! Das Gericht wird, mit Petersilie bestreut, im »Kochgeschirr« serviert.

Bauernbratl

500 g Schweinsrippenfleisch
(2 Stück)
500 g Rippenfleisch vom Schaf
(2 Stück)
Beizgewürze:
1 Eßlöffel Salz
½ Teelöffel Neugewürz (Piment)
½ Teelöffel Pfeffer
4 Knoblauchzehen
¹⁄₁₆ l Öl
⅛ l Weißwein
¼ l Wasser
1 Eßlöffel Kümmel
1 Rosmarinzweigerl
Mehlteigerl

Man kann auch nur Schweine- oder Schaffleisch nehmen. Die Bäuerin vom Huberhof bei Feldthurns hat's jedenfalls gemischt, und es hat wahrlich gut geschmeckt!
Die Fleischstücke reibt man mit den genannten Beizgewürzen (Knoblauch zerdrücken oder sehr feinblättrig schneiden) ein und läßt sie über Nacht in einer Schüssel stehen. Dann brät man sie in der Pfanne in heißem Öl auf jeder Seite drei Minuten scharf an, gießt überschüssiges Fett weg, löscht mit dem Wein ab, gießt Wasser hinzu und würzt mit Kümmel und Rosmarin. Es wird noch einmal alles heiß durchgeschwenkt und dann erfolgt Stellungswechsel in die Bratreine und ins heiße Ofenrohr, worin die vier Rippenstücke 1¼ Stunden mehr dämpfen als braten müssen. Die Soße wird zum Schluß noch mit einem leichten Mehlteigerl eingedickt. – Dazu gibt's Tiroler Speckknödel und Krautspecksalat (Rezepte Seite 88 und 77).

Kalb

Gschlingel

1¼ l Salzwasser
500 g Kalbsherz
250 g Kalbslunge
2 Eßlöffel Essig
½ Zwiebel
2 Nelken
1 Karotte
½ Petersilwurzel
40 g Sellerie
1 Lorbeerblatt
6 Pfefferkörner
3 Pimentkörner

70 g Fett
70 g Mehl
½ Zwiebel
1 Eßlöffel Petersilie
Salz, Pfeffer
2 Eßlöffel Zitronensaft
1 Teelöffel Rosenpaprika
1 Eßlöffel Kapern
2 Sardellenfilets
1 Essiggurkerl
1 Schuß Weißwein
⅛ l Sauerrahm

Zuerst läßt man leicht gesalzenes Wasser sprudelnd aufkochen und gibt dann die Innereien hinein. Es folgen zwei Löffel Essig, Zwiebel, Nelken, das Wurzelwerk, das Lorbeerblatt und die Gewürzkörner. Das alles muß eine ganze Stunde kochen. Danach nimmt man das Herz und die Lunge heraus, braust sie kalt ab und läßt beide kalt werden. Das Kochwasser wird abgegossen; was sich im Seiher verfängt, kommt weg. Wenn die Innereien abgekühlt sind, schneidet man sie nudelig.
Dann macht man in einem Tiegel eine Einbrenne aus Fett, Mehl, gehackter Zwiebel und feingewiegtem Petersilkraut zurecht. Wenn sie mittelbraun ist, gießt man nach und nach bis zu einem Dreiviertelliter Sudflüssigkeit zu und verköchelt sie mit Salz, Pfeffer, Zitronensaft, Paprikapulver, gehackten Kapern, feingeschnittenen Sardellen und einem gewürfelten Essiggurkerl. Nach etwa zehn Minuten läßt man das Beuschel einen Schluck guten Tiroler Weißwein kosten und ganz zum Schluß darf es noch einen sauren Rahm einziehen. Übrigens: Beuschel und Gschlingel sind bloß zwei Namen für ein und dasselbe Gericht, zu dem ganz gut Fastenknödel passen (Rezept Seite 83).

Tiroler Leber

500 g Leber	Salz, Pfeffer
20 g Mehl	Majoran
100 g Speck	⅛ l Weißwein
1 Zwiebel	⅛ l Fleischbrühe
50 g Butter	

Man schneidet die Leber in dünne Scheiben, wendet sie in Mehl und brät sie zusammen mit sehr dünnen Speckscheiben und einer gehackten Zwiebel vier bis fünf Minuten in Butter. Dabei werden die Leberscheiben einmal gewendet. Danach würzt man sie mit wenig Salz, Pfeffer und Majoran. Jetzt werden die Speckscheiben herausgenommen und warm gestellt. Die Leber bekommt sofort Weißwein zu trinken und ebensoviel Rindssuppe. Die Scheiben dürfen nur noch zwei Minuten darin dünsten, damit sie nicht hart werden. Man serviert sie auf einer heißen Platte und bedeckt sie mit den rösch gebratenen Speckscheiben. Die Soße wird drumherum gegossen. Kalbsleber schmeckt am feinsten; aber auch Schweinsleber ist nicht zu verachten.

Hirnpavesen

1 Kalbshirn	Zitronenschale
40 g Butter	Weißbrotscheiben
30 g Zwiebeln	Milch
1 Eßlöffel Mehl	Ei
Salz, Pfeffer	Fett zum Backen
Muskat	

Das Hirn wird gut gewässert, dann in leichtem Essigwasser blanchiert, enthäutet und von den Blutgerinnseln befreit. Dann bereitet man in der Pfanne eine helle Schwitze aus Butter, feinstgewiegter Zwiebel und Mehl. Darin verrührt man nun das gehackte Hirn, würzt vorsichtig mit Salz, Pfeffer, Muskat und einer Spur geriebener Zitronenschale. Dann wird die Hirnmasse zwischen dünne Weißbrotscheiben (Toastbrote) oder Semmelschnitten gestrichen. Wie dick oder dünn Sie die jeweils zwei »Deckel« und den Einstrich mögen, bleibt Ihnen überlassen. Die belegten Brote werden jetzt in lauwarme Milch getaucht und im

verschlagenen Ei gewendet. Dann kommen sie ins heiße Fett, worin sie schwimmend auf beiden Seiten goldgelb gebacken werden.
Es gibt auch die Methode, die gewürzte Hirnmasse nur auf eine Seite einer Brotscheibe zu streichen. Dann muß die belegte Seite als erste ins heiße Fett. – Man kann die Brote auch vor dem Backen in Pfannkuchenteig tauchen.

Kalbsstelze mit Gemüse

1 Kalbsstelze (Kalbshaxe)
Salz, Pfeffer
4 Eßlöffel Öl
1 Rosmarinzweig
2 Salbeiblätter
¼ l Fleischsuppe

Soße:
⅛ l Weißwein
⅛ l Fleischbrühe
Gemüse:
50 g Butter
2 Schalotten
2 Karotten
3 Eßlöffel Champignons

Man reibt die Kalbshaxe mit Salz und Pfeffer ein, gibt sie in die Reine zu heißem Öl, legt einen Rosmarinzweig und zwei Salbeiblätter bei und brät sie im Rohr in etwa zwei Stunden gar. Dabei muß man gelegentlich mit Fleischbrühe (wenn vorrätig, auch mit etwas Bratensaft) aufgießen. Danach nimmt man die Stelze heraus, löst sie aus und stellt sie warm. Die verbliebene Soße wird mit Weißwein abgelöscht, mit Fleischbrühe aufgegossen und etwas eingekocht. Man passiert sie durch und gibt sie gesondert zum Fleisch.
Das dazugehörige feine Gemüse wird in einer Pfanne zubereitet. Man läßt in Butter gehackte Schalotten glasig werden, gibt ausgestochene Karottenkügelchen hinzu, die bereits vorblanchiert sind, und dünstet außerdem noch frische Champignons mit weich. Man kann auch solche aus der Dose nehmen. Das Gemüse verteilt man über das Fleisch.

Kalbsstelze in Scheiben

1 Kalbsstelze (Kalbshaxe)	40 g Sellerie
Knoblauchsalz	½ Petersilwurzel
Salz, Pfeffer	⅛ l Weißwein
Mehl zum Wenden	⅜ l Fleischbrühe
5 Eßlöffel Öl	1 Teelöffel Tomatenmark
1 Zwiebel	Spritzer Zitronensaft
1 Karotte	1–2 Prisen Zucker

Die Haxe läßt man sich vom Metzger quer in fingerdicke Scheiben sägen und beläßt den Knochen im Fleisch. Dann werden die Schnitten mit Knoblauchgranulat eingerieben, gesalzen, gepfeffert und dann in Mehl gewendet. Man brät sie in der Reine in heißem Öl an und gibt das grobgehackte Wurzelwerk hinzu. Wenn dieses Farbe genommen hat, löscht man mit Weißwein ab. Dann gießt man Fleischbrühe daran, die man mit etwas Tomatenmark verrührt hat. Die Stelzenscheiben müssen im Rohr knapp zwei Stunden dünsten. Die Soße wird zum Schluß mit Zitronensaft und Zucker abgeschmeckt.

Gesulzter Kalbskopf

½ Kalbskopf	Zur Panade:
Salzwasser	Mehl
Suppengrün	1 Ei
Wurzelwerk	Semmelbrösel
Salz, Pfeffer	Backfett

Der Kopf (ohne Zunge) kommt in sprudelndes Salzwasser zu einem Bund Suppengrün und dem üblichen Wurzelwerk (1 Karotte, 1 Zwiebel, Stück Sellerie, halbe Lauchstange). Das Fleisch muß von der Flüssigkeit bedeckt sein. Es wird so lange gekocht, bis es sich leicht vom Knochen lösen läßt. Dann schneidet man es in größere Stücke, würzt diese kräftig mit Salz und Pfeffer und verteilt sie in eine Kastenform. Man legt ein passendes Brett auf das Fleisch, beschwert dieses mit einem Gewicht (oder Stein) und läßt den Inhalt der Form an einem kühlen Ort (am schnellsten geht's im Kühlschrank) einige Stunden »anziehen«. Dann stürzt man den inzwischen gesulzten Kalbskopf aus der Form und schneidet ihn in fingerdicke Scheiben. Diese werden wie ein

Wiener Schnitzel mehliert, durch ein verschlagenes Ei gezogen, in Semmelbröseln gewälzt und in der Pfanne auf beiden Seiten schön goldbraun gebacken. Dazu paßt ein grüner Salat.

Saurer Kalbskopf: Er gehört zu den kalten Vorspeisen. Hier kommen zusätzlich in den Sud: ⅛ l Essig, ⅛ l Weißwein, ein Spritzer Zitronensaft, 6 Pfefferkörner, 6 Wacholderbeeren und ein Lorbeerblatt. Nach dem Stürzen in Scheiben schneiden und auf einem Teller anrichten. Salzbüchsl, Pfeffermühle, Ölkannderl danebenstellen, damit jeder nach eigenem Gusto abschmecken kann. Zwiebelringe nehmen sich auch gut aus.

Gebackener Kalbskopf

½ Kalbskopf
2 l Salzwasser
1 Bund Suppengrün
Wurzelwerk
Salz, Pfeffer

Mehl
1 Ei
Semmelbrösel
Backfett

Man läßt sich den halben Kalbskopf gleich beim Metzger noch einmal auseinanderhacken, damit er sicher in den Kochtopf paßt. Er wird so lange mit Grünzeug und Wurzelwerk in leichtem Salzwasser gekocht, bis sich das Fleisch mühelos von den Knochen löst. Das ist nach etwa zwei Stunden der Fall. Man schneidet es danach in große Stücke, würzt es kräftig mit Salz und Pfeffer und legt es, noch heiß, in eine Kastenform. Man kann auch ein anderes Geschirr hernehmen, zu dem man einen passenden Deckel besitzt oder sich besorgt. Da genügt schon ein Sperrholzbrettl. Jedenfalls soll die Bedeckung auf dem Fleisch aufliegen und beschwert werden können (Gewicht, Stein). Man gibt das Ganze nun für einige Stunden in den Kühlschrank und stürzt danach die gestockte Masse heraus. Man schneidet sie in Scheiben und behandelt diese dann wie Wiener Schnitzel: mehlieren, durch verschlagenes Ei ziehen, in Semmelbröseln wenden und in der Pfanne herausbacken.

Rahmgulasch

2 Eßlöffel Schweineschmalz
300 g Zwiebeln
1 Knoblauchzehe
600 g Kalbfleisch
½ Teelöffel Salz
1 Eßlöffel Paprika mild
1 Teelöffel Paprika scharf

⅛ l Wasser
1 Tomate
¼ Teelöffel Pfeffer
Schale von ½ Zitrone
1 Teelöffel Mehl
¼ l Sauerrahm

In einem Tiegel gibt man zu zerlaufenem heißen Schweinefett in Scheiben geschnittene Zwiebeln mit einer zerdrückten Knoblauchzehe. Sobald sie glasig gedünstet sind, kommen die Kalbfleischwürfel (2½ cm) darauf und werden fünf Minuten braun gebraten. Dann wird das Fleisch gesalzen, mit dem Paprika bestaubt und ⅛ l sehr heißes Wasser seitwärts am Tiegelrand zugegossen. Man läßt das Ganze gut 20 Minuten zugedeckt kochen, erst dann rührt man die Tomatenwürferl, den Pfeffer und die geriebene Zitronenschale dazu. Die nächste Viertelstunde wird offen weitergeschmort und der Rest der Flüssigkeit aufgebraucht. Dann vermischt man in einer Tasse das Mehl mit dem Sauerrahm und rührt dies ganz zum Schluß ins Gulasch. Wenn nötig, noch mit Essig abschmecken.

Herrengröstl

100 g Öl
1 Zwiebel
1000 g Kalbschnitzelfleisch
1500 g Kartoffeln
1 Teelöffel Kümmel

125 g Butter
2 Lorbeerblätter
Salz, Pfeffer, Majoran
Bratensoße
Petersilie oder Schnittlauch

Bei diesem Herrengröstl darf nicht hineingewurstelt werden wie beim Bauerngröstl. Hier ist auch nicht von einer Resteverwertung die Rede, sondern von einem selbstherrlichen Gericht auf Kalbfleischbasis. Was Gutes vom Besten!
Es werden Zwiebelwürfel in Öl angeschwitzt und dann das geschnetzelte Fleisch scharf und schnell angebraten. Dann kommen die bereits vorgekochten und blättrig geschnittenen Kartoffeln hinzu, die in einer anderen Pfanne, vermischt mit ganzem Kümmel, goldgelb in Butter geröstet wurden. Man kann den

Kümmel aber auch weglassen. Es ist nun so viel Fett im Gericht, daß man es tüchtig durchschwenken kann. Gewürzt wird mit zerriebenen Lorbeerblättern, Salz, Pfeffer und Majoran. Zum Schluß gießt man noch etwas Bratensoße dazu und bestreut das Herrengröstl mit gehackter Petersilie oder Schnittlauch.

Kalbsvögerl

600 g Kalbfleisch
Farce:
100 g Kalbfleisch
100 g Schweinefleisch
1 Ei
1 Eßlöffel Parmesan
1 Eßlöffel Petersilie
Salz, Pfeffer
Muskat

Schale von ¼ Zitrone

4 Scheiben Geselchtes
(Rauchfleisch)
4 Salbeiblätter
2 Eßlöffel Öl
20 g Butter
⅛ l Weißwein
⅛ l Fleischbrühe

Aus dem Kaiserteil vom Kalbsschlegel schneidet man 12 Schnitzel zu ungefähr je 50 Gramm und klopft sie dünn. Dann bereitet man eine Farce aus Kalb- und Schweinefleisch zu gleichen Teilen. Das besorgt zunächst der Fleischwolf. Dann verrührt man in die Masse ein Ei, geriebenen Parmesan, gehackte Petersilie und die Gewürze. Die Farce wird nun auf die Schnitzel gestrichen und diese werden eingerollt. Danach steckt man die Rollen auf vier Rouladennadeln oder lange Zahnstocher, zusammen mit Rauchfleisch und Salbeiblättern. Ein Gesteck sieht so aus: 1 Schnitzelrolle – 1 dünne Scheibe Geselchtes – 1 Schnitzelrolle – 1 Salbeiblatt – 1 Schnitzelrolle. Man gibt die vier Spießchen in einen Tiegel zu einer heißen Öl-Butter-Mischung und brät sie braun an. Dann wird mit Weißwein abgelöscht und Fleischsuppe dazugegossen. Das Ganze muß eine halbe Stunde dünsten.

Eingemachtes Kalbfleisch

75 g Fett	Soße:
1 Zwiebel	75 g Butter
40 g Karotten	2 Eßlöffel Mehl
40 g Petersilwurzel	Fleischsud
40 g Sellerie	⅛ l Weißwein
40 g Lauch	etwas Zitronensaft
750 g Kalbfleisch	Salz, Pfeffer
1 Eßlöffel Mehl	1 Eidotter
½ l Wasser	3 Eßlöffel süßer Rahm
3 Nelken	Einlagen:
5 Wacholderbeeren	Karfiolröschen (Blumenkohl),
1 Lorbeerblatt	Erbsen, Champignons

Im Tiegel schwitzt man in heißem, zerlaufenem Fett das gewiegte Gemüse an und gibt das in Stücke geschnittene Kalbfleisch hinzu. Es wird gut umgerührt, leicht mit Mehl gestaubt und weitergerührt, bis das Fleisch leicht angeröstet ist. Dann löscht man mit lauwarmem Wasser ab und dünstet das Fleisch zusammen mit den Gewürzen weich. Wenn es gar ist, wird es mit der Gabel herausgenommen und warm gestellt.

Die Soße bereitet man in einem anderen Topf zu. Man macht eine helle Einbrenne, die mit Kalbfleischsud abgelöscht wird. Es kommen noch Weißwein hinzu und ein paar Spritzer Zitronensaft, Salz und Pfeffer. Man verrührt alles gut, läßt einmal aufwallen und gibt die Legierung hinein, die aus Eidotter und Rahm besteht. Ab jetzt darf die Soße nur noch leise ziehen und je nach Gusto gekochte Blumenkohlröschen, Erbsen oder blättrig geschnittene Champignons aufnehmen.

Kapuzinerfleisch

4 Kalbsrückenscheiben	250 g grüne Bohnen
4 Nierenscheiben	1 Knoblauchzehe
Salz, Pfeffer	4 Scheiben geräuchertes Bauchfleisch (Wammerl)
Basilikum	
4 Eßlöffel Öl	⅛ l Fleischbrühe
⅜ l Weißwein	4 Scheiben Bauchspeck

Die aus dem Rücken geschnittenen »Kalbsnierenbratenscheiben« (jede ca. 150 g) werden jeweils mit einer Nierenscheibe belegt und mit Zahnstochern befestigt. Dann reibt man diese »Doppeldecker« rundum mit Salz, Pfeffer und Basilikum ein und brät sie in Öl gut an. Den Bratsaft löscht man mit Weißwein ab, gibt die gekochten grünen Bohnen und eine zerdrückte Knoblauchzehe darüber, deckt alles mit vier Scheiben geräuchertem Wammerl ab und gießt etwas Fleischsuppe zu. Das Ganze wird nun gedünstet, bis die Rückenscheiben weich sind. Vier geräucherte Bauchspeckscheiben hat man extra »außer Haus« knusprig gebraten. Sie werden vor dem Servieren dem Kapuzinerfleisch beigelegt.

Kalbsnuß in Paradeisersoße

1 kg Kalbsnuß
Salz, Pfeffer
300 g Kalbsknochen
40 g Butter
2 Eßlöffel Öl
1 Zwiebel
3 Tomaten (Paradeiser)
Salbei
Rosmarin
¼ l Wasser
1 Teelöffel Mehl
1 Eßlöffel Tomatenmark
1 Eßlöffel Rahm

Die Nuß ist ein Bestandteil des Kalbsschlegels. Sie wird mit Salz und Pfeffer eingerieben und in die Reine auf ein Bett von zerkleinerten Kalbsknochen gelegt, die bereits in einem Gemisch aus Butter und Öl angebraten sind. Man legt eine halbierte Zwiebel dazu, drei Tomaten in Achteln und würzt mit etwas frischem oder getrocknetem Salbei und Rosmarin. Dann wird heißes Wasser zugegossen und der Schlegel 1½ Stunden im Rohr gebraten. Dabei wird das Fleisch nach der Hälfte der Garzeit umgedreht und gelegentlich mit der Soße begossen. Kurz vor dem Servieren nimmt man den Braten heraus und stellt ihn warm; die Knochen tut man weg. Die Soße wird mit etwas Mehl bestäubt, mit Tomatenmark und Rahm verrührt. Man gibt sie durchpassiert gesondert zu den Bratenscheiben.

Rind

Kuttelfleck mit Parmesan

1000 g Kutteln
Salzwasser
50 g Semmelbrösel
⅛ l Öl
5 Eßlöffel Paradeisermark
(Tomatenmark)

Salz
Spritzer Zitronensaft
Schuß Weißwein
¼ l Fleischbrühe
30 g Parmesan

Fertig gekochte Kutteln (Kaldaunen) gibt es beim Metzger zu kaufen. Wer sich selbst die Mühe des Kochens machen will, muß den Rindsmagen mindestens drei Stunden in Salzwasser brodeln lassen, bis man ihn nudelig oder blättrig schneiden kann (Genaueres über Kutteln bei »Bozner Saure Suppe«, S. 19).
In einem Topf röstet man Semmelbrösel in reichlich Öl braun an, gibt die vorbereiteten Kuttelflecke dazu, rührt das Tomatenmark ein, salzt kräftig und dämpft das Gericht zusammen mit einem Spritzer Zitronensaft, einem Schuß Weißwein und der Fleischbrühe eine halbe Stunde. Kurz vor dem Anrichten mengt man noch geriebenen Parmesan darunter, oder man bestreut erst das fertige Essen damit.

Ochsenschwanzgulasch

1000 g Ochsenschwanz
Zur Beize:
10 Wacholderbeeren
5 Neugewürzkörner (Piment)
½ Teelöffel schwarze
Pfefferkörner
1 Lorbeerblatt
2 Nelken
1 Bund Thymian
¼ l Rotwein

1 Pfund Zwiebeln
100 g Schweinefett
Salz, Pfeffer
Beizflüssigkeit
1 Eßlöffel Tomatenmark
evtl. Fleischbrühe
Mehlteigerl
⅛ l süßer Rahm

Wenn Sie das Gefühl haben, daß der »Ochsenschwanz« das traurige Ende einer alten Kuh ist, dann legen Sie ihn unbedingt in eine Beize. Kriegen Sie aber den Schwanz von einem jungen Stierl, können Sie das Gulasch gleich frischweg machen. In diesem Fall geben Sie einfach die Beizgewürze und den Rotwein nach dem Anbraten des Fleisches in den Tiegel.

Der Ochsenschwanz wird in den Gelenken zerteilt, dann kommen die Stücke einige Stunden in eine Beize, die aus den oben aufgeführten Zutaten besteht. Wenn möglich, sollte man frischen Thymian verwenden (das Bündel ganz lassen), getrockneten aber zwischen den Fingern zerreiben. Das erhöht das Aroma.

Im Tiegel dünstet man grobgeschnittene Zwiebeln in Schweineschmalz goldgelb, gibt das Fleisch hinzu, das einige Stunden in der Marinade gelegen hat, und läßt es gut anbraten. Es wird kräftig mit Salz und Pfeffer gewürzt, dann gießt man die abgeseihte Beizflüssigkeit dazu, das Tomatenmark wird mit vermischt und der Ochsenschwanz ungefähr zwei Stunden lang zugedeckt weichgedünstet. Während dieser Zeit muß man gelegentlich umrühren und, falls die bisherige Flüssigkeit nicht ausreicht, mit Rindssuppe nachgießen. Das Fleisch sollte davon immer bedeckt sein. Sobald es sich leicht vom Knochen lösen läßt, nimmt man die Ochsenschwanzstücke heraus, stellt sie warm und macht die Soße fertig. Sie wird eventuell entfettet, mit einem leichten Mehlteigerl gebunden (1 Teelöffel Mehl, 2 Eßlöffel Wasser) und mit Rahm verfeinert. Sie darf dann, wieder zusammen mit den Ochsenschwanzstücken, noch eine Weile dahinköcheln, dann ist das Gericht fertig.

Wer es besonders gut meint mit seinen Gästen, gibt nur das ausgelöste Fleisch in die Soße zurück. Das erspart ihnen die »Beinarbeit«.

Saftgulasch

100 g Speck
100 g Schweinefett
400 g Zwiebeln
1 Knoblauchzehe
1 Eßlöffel Paprika scharf
1 Eßlöffel Paprika edelsüß
2 Eßlöffel Rotwein

500 g Rindfleisch
evtl. Wasser
Salz, Pfeffer
½ Teelöffel Kümmel
½ Teelöffel Majoran
2 Tomaten oder Tomatenmark

Sehr feinwürfelig geschnittenen Speck läßt man zusammen mit Schweinefett im Tiegel heiß werden und gibt die grobgeschnittenen Zwiebeln mit der zerdrückten Knoblauchzehe hinzu. Sobald sie zu bräunen beginnen, werden sie mit dem Paprika bestäubt. Dann löscht man mit Rotwein ab und gibt die Fleischwürfel (am besten vom Wadschenkel) hinzu. Man röstet sie von allen Seiten an und läßt sie im eigenen Saft schmoren. Es ist aber darauf zu achten, daß die Flüssigkeit nie ganz ausgeht. So muß man gelegentlich heißes Wasser dazugießen. Gewürzt wird mit Salz, Pfeffer, Kümmel und Majoran, wovon man jeweils einen halben Teelöffel voll braucht. Geschälte Tomaten in Würfeln oder Tomatenmark gehören ebenfalls ins Gulasch, das insgesamt 90 Minuten schmoren muß. Man kann den Saft mit Mehlwasser strecken.

Mit *Schweinsgulasch* kann man ebenso verfahren. Bloß beträgt die Kochzeit hier eine knappe Stunde. An Zwiebeln wird nur die Hälfte der Menge gebraucht.

Wer sich's leisten kann, läßt sich ein *Herrengulasch* schmecken, das aus Rindsfilet besteht und nur eine halbe Stunde zu kochen braucht.

Jägerfleisch mit Schwammerl

600 g Rindsfilet
100 g Speck
1 Eßlöffel Mehl
¼ l Fleischbrühe

Salz, Pfeffer
1 Lorbeerblatt
4 cl Rotwein
2 Eßlöffel Sauerrahm

Rindsfilet heißt in Österreich und Südtirol auch »Lungenbraten«. Man schneidet aus einem 600-g-Stück vier Scheiben zu je 150 g und gibt sie in die Pfanne, in der bereits Speck in Würfeln ausgebraten ist. Dort werden sie auf beiden Seiten angebraten, mit Mehl bestaubt und dann mit kalter Fleischsuppe aufgegossen. Man läßt die Schnitten gut eine halbe Stunde weichdünsten. Dabei würzt man mit Salz, Pfeffer und Lorbeerblatt. Die Soße wird nach dieser Zeit mit Rotwein und Sauerrahm verfeinert. Man läßt das Ganze noch heiß durchziehen, aber nicht mehr kochen. Bis dahin sind auch die feinblättrig geschnittenen Schwammerl fertig, die man in Butter durchgedünstet hat. Außerdem gibt's noch Knödel, Kartoffeln oder Nudeln dazu.

Tiroler Rostbraten

4 Rindslendenscheiben zu je 150 g
Salz, Pfeffer
4 Eßlöffel Öl

100 g geräuchertes Bauchfleisch
1 Zwiebel
¼ l Fleischbrühe
Salz, Pfeffer

Die Fleischstücke (Beiried) werden mit Salz und Pfeffer eingerieben und in der Pfanne in heißem Fett scharf angebraten, aber keinesfalls ganz durchgegart. Dann nimmt man sie heraus und stellt sie gut warm. Im verbliebenen Fett läßt man Wammerlwürfel etwas ausbraten und röstet zugleich die gehackte Zwiebel mit an. Danach gießt man mit Fleischbrühe auf, würzt und läßt die Flüssigkeit ein wenig einkochen. Mit dieser Soße werden die gebratenen Lendenscheiben übergossen.

Tiroler Rindsbraten

80 g Surspeck (gesalzener roher Speck)
50 g Öl
150 g Wurzelwerk
Suppengrün
800 g Kalbsknochen
Zitronenschale
1 Lorbeerblatt

Majoran, Thymian, Basilikum
etwas Schwarzbrotrinde
1000 g Rindfleisch
Salz, Pfeffer
⅜ l Rotwein (St. Magdalener)
1 Tomate
1 Eßlöffel Preiselbeer- oder Johannisbeermarmelade

Im Kochtopf läßt man feingewiegten Surspeck aus, gibt Öl dazu, gehacktes Wurzelwerk (Zwiebel, Karotte, Sellerie), Suppengrün, klein zugehauene Kalbsknochen, etwas Zitronenschale (nicht gerieben), Lorbeerblatt, je eine Messerspitze Majoran, Thymian, Basilikum und ein kleines Stück Schwarzbrotrinde. Das alles wird gut angeröstet, dann kurz beiseite geschoben, damit das gesalzene und gepfefferte Stück Rindfleisch (Spitzdeckel=Tafelspitz, aus dem Schlegel) Platz hat. Dieses wird auf allen Seiten gut gebräunt, dann löscht man mit dem ganzen Wein auf einmal ab, gibt noch eine geschälte Tomate in Vierteln hinzu und läßt das Ganze 1½ bis zwei Stunden zugedeckt schmoren. Dann nimmt man das Fleisch heraus, stellt es warm und macht die Soße fertig. Dazu wird sie passiert, in den Kochtopf zurückgegossen und mit der Marmelade verfeinert.

Wild

Tirol, »das Land im Gebirg«. Wo es Berge gibt, da krachen auch die Stutzen, da sind die Jager zu Hause, aber auch die Wilderer. Im Heimatfilm siegt freilich immer der Förster oder sein Gehilfe oder der Wilderer wird »umgedreht«, kriegt des Försters Töchterlein und darf nun ganz legal mit der Büchs umgehen. Früher war die Jagd ein Vorrecht des Adels, aber überall kamen die Grafen, Freiherrn und Barone auch nicht hin, und so stürzte mancher Gamsbock ab, brach ein Hirsch zusammen, knickte ein Rehlein ein, wenn ein Bauernbursch »zufällig« in der Nähe war. Daß ein Schießprügel zum Inventar eines Südtiroler Hofes gehörte, weiß man seit den Freiheitskriegen. Es ist also ganz natürlich, daß Wildbret in der Tiroler Küche »daheim« ist, und viele Gasthäuser bieten »Wildwochen« an.

Kleine Wildbeizkunde

Mit dem Beizen will man erreichen, daß das muskulöse Fleisch älterer Tiere mürbe wird. Junges Wild braucht keine Beize. Das eingelegte Fleisch muß völlig von der Marinade bedeckt und umgeben sein (franz. mariner = einpökeln, bedeutet dasselbe wie beizen).
Die Stärke der Säure, die Auswahl der Gewürzzutaten und des Wurzelwerks richtet sich nach Ihrem persönlichen Geschmack. Daher sollen hier nur die Grundrezepte der gängigsten Beizen angeführt werden.

Essigbeize: ⅓ *Essig, ⅔ Wasser, 2 Zwiebelhälften mit je 2 Nelken besteckt, 5 Pfefferkörner, 5 Wacholderbeeren, Suppengrün, Wurzelwerk (Lauch, gelbe Rübe, Sellerie, Petersilie), 1−2 Zitronenscheiben. Aufkochen, erkalten lassen und erst dann zum Fleisch geben. Dieses mindestens ein- bis zweimal wenden.*

Rotweinbeize: ¼ *Wasser, ¼ Essig, ¾ Rotwein, 1 Lorbeerblatt, Majoran, Thymian. Sonst wie Essigbeize. Anstelle des Wasser-Essig-Wein-Gemisches kann auch ausschließlich Rotwein verwendet werden. Nicht kochen.*

Öl-Wein-Beize:	*Rotwein und Olivenöl zu gleichen Teilen mischen.*
Buttermilchbeize:	*Sie macht das Fleisch besonders zart. Die Milch muß bei längerer Beizzeit alle zwei Tage erneuert werden.*
Merkzettel:	*Das Fleisch wird erst nach dem Beizen enthäutet. Die Beize an einen kühlen Platz stellen.*
Wildfond:	*Zum Aufgießen mancher Gerichte braucht man einen Wildfond. Die Zutaten sind: 1 kg Parüren und Karkassen, das sind kleingehackte Wildknochen, Sehnen und unansehnliche Fleischteile, die sich für ein anderes Gericht nicht eignen, ½ l Rotwein, 2 Zwiebeln, 2 Möhren, ¼ Sellerieknolle, Thymian, Wacholderbeeren, Pfefferkörner, 1–2 Lorbeerblätter, etwas Rosmarin und Salbei.* *Man schneidet das Röstgemüse in große Würfel, gibt die Knochen und Gewürze dazu, gießt mit dem Wein auf und läßt alles 24 Stunden beizen. Danach werden die Knochen und das Gemüse in Öl angeröstet, mit dem Beiz-Wein abgelöscht und so viel Wasser zugegossen, wie man zum Fond benötigt. Das Ganze muß drei Stunden kochen, wird durchpassiert und entfettet.*

Hasenfilets in Orangensoße

1 Hasenrücken
80 g Speck zum
Spicken
Salz, Pfeffer
3 Eßlöffel Öl
1 Karotte

½ Stange Lauch
½ Zwiebel
⅛ l Wasser
½ l Wildfond (s. oben)
Saft von 2 Orangen

Die Filets sind beim Hasen direkt am Rückgrat, links und rechts jeweils eins. Sie werden herausgeschnitten und in Abständen von 1 cm mit dünnen Speckstreifen quer gespickt. Dann reibt man die zwei Teile mit Salz und Pfeffer ein. Sie kommen in die Reine zu heißem Öl und feingeschnittenem Wurzelwerk und werden im vorgeheizten Rohr bei 220 Grad 20 Minuten gebraten, wobei man zur Halbzeit mit Wasser aufgießen muß. Zur Fertigstellung

◁ *Kuttelfleck mit Parmesan, Rezept S. 59*

der Soße braucht man die Hasenfilets nicht mehr. Man nimmt sie aus dem Bratgefäß und stellt sie warm.

In die Reine gießt man jetzt ½ l Wildfond und den Saft von zwei Orangen, läßt alles gut aufkochen und passiert die Soße durch. Man gießt sie vor dem Servieren über die bereits in mundgerechte Stücke geschnittenen und wieder zusammengesetzten Filets.

Rehleber

1 Leber
Mehl
2 Eßlöffel Öl
50 g Butter

100 g Zwiebeln
80 g Hausbrot
125 g Speck
200 g Ribisln (Johannisbeeren)

Man schneidet die Leber in 2 cm dünne Scheiben. Sie werden leicht mehliert und dann in sehr heißem Öl auf jeder Seite zwei Minuten gebraten. Dann nimmt man sie aus der Pfanne und stellt sie warm. Man gießt die Ölreste weg und läßt nun die Butter zerlaufen. Darin röstet man gehackte Zwiebeln und Hausbrotwürferl an, brät feingewiegten geräucherten Speck aus und zieht die Ribisln darunter. Es wird so lange gerührt, bis der ausgetretene Johannisbeersaft fast eingezogen ist. Diese Garnierung gibt man beim Anrichten über die gut warm gehaltenen Leberschnitten.

In der Schwammerlsaison nimmt man für dieses Rezept nur 50 g Zwiebeln, dafür zusätzlich dieselbe Menge blättrig geschnittener Schwammerl.

Was gibt's heit? – Heit gibt's a

Rehragout

1000 g Rehfleisch
Rotweinbeize (s. Seite 64)
Einbrenne:
40 g Fett
50 g Mehl
1 Teelöffel Zucker
⅛ l Fleischbrühe

⅛ l Beizflüssigkeit
Abschmecken mit:
Salz, Muskat
Piment (Neugewürz)
Schale von ¼ Zitrone
1 Eßlöffel Ribislgelee
⅛ l süßer Rahm

Zum Ragout nimmt man natürlich nicht das edelste Fleisch wie Rücken oder Schlegel, sondern Bauchfleisch und ausgelöstes Beinfleisch. Auch Hals und Bug gehören dazu, eventuell noch Herz und Lunge. Man schneidet daraus solche Stücke, wie man sie später essen will, und gibt sie zwei Tage lang in eine Rotwein-Essig-Beize.

Dann wird das Fleisch samt der Marinade (⅛ Liter davon stellt man zur Seite) eine Stunde gekocht. Nebenher bereitet man den Soßenansatz zu. Zunächst wird aus Fett, Mehl und Zucker eine dunkle Einbrenne gerührt, die man mit Fleischbrühe und der reservierten Beizflüssigkeit ablöscht und unter fleißigem Rühren etwa zehn Minuten kocht. Wenn das Fleisch in der Beize eine Stunde gebrodelt hat, wird die Einbrennflüssigkeit dazugerührt und alles noch eine Viertelstunde weiter geköchelt. Dabei wird mit den oben angegebenen Gewürzen und Johannisbeergelee abgeschmeckt. Ganz zum Schluß wird das Gericht noch mit süßem Rahm verfeinert.

Hirschragout und *Hasenpfeffer* kann man auf die gleiche Weise zubereiten.

Rehrouladen mit Eierschwämmen

750 g Rouladenfleisch
Salz, Pfeffer
2 Zwiebeln
300 g Eierschwämme (Pfifferlinge)
2 Eßlöffel Petersilie
4 Blatt Liebstöckel
Mehl zum Wenden
3 Eßlöffel Öl
Zur Soße:
90 g Wurzelwerk
2 Knoblauchzehen
1 Lorbeerblatt
6 Pfefferkörner
1 Eßlöffel Senf
1 Tomate (Paradeiser)
1 Eßlöffel Preiselbeeren
1 Eßlöffel Mehl
1½ l Fleischbrühe
¼ –½ Tasse saurer Rahm
2 cl Cognac

Man schneidet vier Schnitzel aus dem Schlegel, klopft sie dünn und würzt sie auf beiden Seiten mit Salz und Pfeffer. Dann wird darauf die Füllung gleichmäßig verteilt: feingehackte Zwiebeln, blättrig geschnittene Eierschwämme (Reherl, Pfifferlinge), gewiegtes Petersilkraut und auf jedes Schnitzel nur ein Blatt Liebstöckel, damit es schmeckt, aber nicht vorschmeckt. Nach dem Einrollen und Zustecken mit Rouladennadeln wird das Fleisch in Mehl gewendet und in der Pfanne in heißem Öl auf jeder Seite braun gebraten.

Vor der Zubereitung der Soße nimmt man die Rouladen heraus und stellt sie warm. Im verbliebenen Fond werden kleinwürfeliges Wurzelwerk (je 30 g Lauch, Sellerie, Karotte) und zwei zerdrückte Knoblauchzehen angeröstet. Hinzu kommen nach und nach unter gelegentlichem Rühren ein Lorbeerblatt, Pfefferkörner, scharfer Senf, das Ausgedrückte einer Tomate (oder Tomatenmark) und Preiselbeeren. Das Ganze wird mit Mehl bestäubt und mit Fleischbrühe aufgegossen. Nach dem Aufkochen werden die Rouladen zusammen mit dem Lorbeerblatt in die Soße gegeben und weichgeschmort. Die Soße wird zum Schluß durchpassiert und mit Rahm und Cognac verfeinert.

Hirschmedaillons mit schwarzen Ribisln

1 Hirschrückenhälfte
Buttermilchbeize (s. Seite 65)
3 Eßlöffel Öl
Salz, Pfeffer

⅛ l Johannisbeerlikör
150 g schwarze Ribisln
(Johannisbeeren)
¼ l süßer Rahm

Eine Rückenhälfte (jedenfalls ein Stück von gut 30 cm Länge) wird einen halben Tag in Buttermilchbeize gelegt, dann enthäutet und in zehn Scheiben zu 3 cm Dicke geschnitten. Man drückt sie mit dem Handballen etwas in die Breite und legt sie in die Pfanne in heißes Öl. Nun wird die Oberseite mit Salz und Pfeffer aus der Mühle gewürzt. Nach drei Minuten werden die Medaillons umgedreht und der Würzvorgang wiederholt. Auch für diese Seite beträgt die Bratzeit drei Minuten. Dann nimmt man das Fleisch heraus und stellt es warm. In der Pfanne löscht man jetzt den Fond mit Johannisbeerlikör ab, verteilt die schwarzen Ribisln darüber und verfeinert sie mit süßem Rahm. Alles wird heiß durchgeschwenkt und ein wenig reduziert. Mit *Rehmedaillons* kann man genauso verfahren. Dazu passen Steinpilznocken (Rezept Seite 95).

Gedünstetes Gamsfleisch

1000 g Gamsfleisch	1 Soßenlebkuchen
1½ l Essigbeize (s. Seite 64)	6 Wacholderbeeren
Salz, Pfeffer	⅛ l Beizflüssigkeit
3 Eßlöffel Öl	⅛ l Rotwein
⅜ l saurer Rahm	Saft von ½ Zitrone
Zur Soße:	1 Teelöffel Olivenöl
2 Scheiben Schwarzbrot	2 Eßlöffel Johannisbeergelee

Man legt beliebiges Gamsfleisch – Länge je nach Erfordernis – in eine Essigbeize. Bevor es dann in die Reine zu heißem Olivenöl kommt, wird es mit Salz und Pfeffer eingerieben. Nach dem Anbraten wird das Fleisch mit einem Gemisch aus 1 Liter Essigbeize und saurem Rahm überzogen und so etwa eine Dreiviertelstunde im Rohr weichgedünstet. Die verbleibende Flüssigkeit wird nicht mehr gebraucht, weil die Soße extra zubereitet wird. Für sie reibt man altes Schwarzbrot und einen Soßenlebkuchen, zerstampft ein halbes Dutzend Wacholderbeeren und gibt alles in ein Kochgefäß. Man gießt ⅛ Liter Beizflüssigkeit dazu, ferner ⅛ Liter Rotwein, den Saft einer halben Zitrone und etwas Olivenöl. Das Ganze wird gut verrührt und zusammen mit 2 Eßlöffel Gelee durchgekocht. Zu dieser Soße passen vor allem Semmelknödel (s. Fastenknödel, Seite 83).

Gamsrücken mit Pilzen

1000 g Gamsrücken	¼ l Rotwein
1 Stamperl Cognac	¼ l Fleischbrühe
Salz, Pfeffer	⅜ l süßer Rahm
Thymian	Schwammerlbeilage:
Rosmarin	2 Eßlöffel Butter
4 Eßlöffel Olivenöl	50 g geräuchertes Wammerl
Zur Soße:	1 Zwiebel
50 g Bauchfleisch (Wammerl)	1 000 g beliebige Pilze
½ Zwiebel	⅜ l süßer Rahm
30 g Lauch	2 Eßlöffel Petersilie

Bei diesem Rezept braucht man das Fleisch einer jungen Gams. Der Rücken wird in vier längliche Stücke geteilt, die mit Cognac eingerieben werden. Das ersetzt in diesem Fall die Beize. Dann reibt man das Fleisch mit einem Gemisch aus Salz, Pfeffer,

Thymian und Rosmarin ein und gibt es in die Pfanne zu heißem Olivenöl, worin es 12 Minuten gebraten wird. Da es bei der Herstellung der Soße »im Weg« wäre, muß es kurze Zeit »außer Haus«. Dafür kommen jetzt geräucherte Wammerlwürfel, gehackte Zwiebeln und Lauchringe ins Bratgefäß, die nach dem ersten Hitzestoß mit Rotwein abgelöscht werden. Gleich danach wird entweder Fleischbrühe oder, wenn man hat, Wildfond oder beliebige Bratensoße zugegossen. Dann kehren die Fleischstücke wieder zurück und werden mit der Soße in einer halben Stunde fertiggegart. Dabei wird nach und nach der süße Rahm zugeführt.

Nebenher wird das Pilzgericht gemacht. Man brät in der zerlassenen Butter die Wammerlwürfel und gehackte Zwiebeln an, gibt die Pilze dazu und läßt sie so lange dünsten, bis sie keinen eigenen Saft mehr ziehen. Erst ab diesem Zeitpunkt werden der Rahm und die feingeschnittene Petersilie eingerührt. Man läßt das Ganze noch einmal heiß durchziehen.

Hirsch- und *Rehrücken* kann man auf dieselbe Weise zubereiten.

Gamsbraten

1500 g Keule oder Schulter
2 l Rotweinbeize (s. Seite 64)
Salz, Pfeffer
4 Eßlöffel Öl
Zur Soße:
100 g geräucherter Bauchspeck
1 Zwiebel

90 g Wurzelwerk
¼ l Beizflüssigkeit
2 Eßlöffel Mehl
⅛ l Rotwein
2 Eßlöffel Preiselbeergelee
Spritzer Zitronensaft
⅛ l saurer Rahm

Das Fleisch wird je nach Alter des Tieres in eine Rotweinbeize gelegt, dann abgetropft, mit Salz und Pfeffer eingerieben und im Tiegel von allen Seiten im Öl scharf angebraten. Dann nimmt man es heraus und stellt es warm. Im selben Topf wird nun die Soße angesetzt. Dazu läßt man die Speckwürfel aus, dünstet darin die gehackte Zwiebel an und gibt das in Scheiben geschnittene Wurzelwerk hinzu. Es besteht aus jeweils 30 g Karotten, Sellerie und Petersilie. Jetzt kommt das Fleisch wieder in den Topf und wird in der zugegossenen Beizflüssigkeit weichgedünstet. Nach etwa 1½ bis 2 Stunden nimmt man das fertiggegarte

Fleisch heraus und vervollständigt die Soße, indem man sie mit Mehl bestäubt und Rotwein, Preiselbeergelee und etwas Zitronensaft darunterrührt. Dann wird sie durchpassiert und mit Sauerrahm verfeinert. Das Fleisch wird in Scheiben geschnitten serviert und mit der Soße überzogen. Dazu passen Fastenknödel (Rezept Seite 83).
Dieses Rezept ist auch anwendbar für *Hirschbraten* und *Rehbraten*.

Wildschweingulasch

1 kg Fleisch
Rotweinbeize (s. Seite 64)
Für den Tiegel:
300 g Zwiebeln
50 g Butter
1 Eßlöffel Salz

1½ Teelöffel Pfeffer
¼ l Beizflüssigkeit
500 g Karotten
1 Eßlöffel Mehl
2 Eßlöffel Wasser
100 g süßer Rahm

Man schneidet das Fleisch in Würferl und legt sie in eine Rotweinbeize, die ausschließlich aus dem Wein und den Gewürzen besteht (also ohne Wurzelwerk und Essig). Schon nach zwei Stunden kann man Fleisch und Marinade trennen und mit dem Kochen beginnen.

Zunächst werden die grobgehackten Zwiebeln in Butter angebräunt, dann kommen die Fleischwürfel hinzu und alles wird gut verrührt. Nach dem Anbraten würzt man kräftig mit Salz und Pfeffer, gießt mit der Beizflüssigkeit auf, vermengt alles und läßt es zugedeckt eine halbe Stunde kochen. Dann gibt man die in Scheiben geschnittenen Karotten hinein, schaltet die Temperatur auf Mittelhitze herab und kocht das Ganze eine weitere halbe Stunde. Danach läßt man ein Mehlteigerl in das Gericht einziehen und das Gulasch eine Viertelstunde leise dahinbrodeln. Es wird zum Schluß noch mit Rahm verfeinert.

Vorher Nebenher Nachher

In diesem Kapitel geht's ein bißl durcheinander, weil es halt Gerichte gibt, die sich an keine Ordnung gewöhnen können. Für sich allein sind sie zu klein, um aufzufallen; wenn sie aber jemandem zugeteilt werden, dann erheben sie diesen in den Adelsstand. Sie sind die typischen »von und zu«; oftmals unentbehrliche Begleiter: Salate, Soßen, saures Zeug, Gemüse und Vermischtes. Einmal gehören sie dahin, ein andermal dorthin. Einen festen Platz im Magenfahrplan haben hingegen die Zwischenmahlzeiten wie Vormas und Marende. Und wer noch nicht weiß, was »törggelen« ist, der wird im folgenden aufgeklärt.

Spargelsalat

1 kg Spargelstangen
Salzwasser
¼ Teelöffel Zucker
1 Teelöffel Butter
3 Eßlöffel Essig
3 Eßlöffel Öl
Spritzer Zitronensaft

Man schält den Spargel von den Köpfen abwärts und bündelt ihn pfundweise. Hier gibt es also zwei mit Bindfaden zusammengehaltene Portionen, die man kernig-weich kocht. Etwas Zucker und ein paar Butterflocken werden dem ganz leicht gesalzenen Wasser beigegeben, damit sich ein feines, pikantes Aroma einstellt. Zum Salat nimmt man meist feste, stärkere Stangen, so daß sie schon an die zwanzig Minuten im Sud verbringen müssen. Dann nimmt man die Bündel heraus, entfernt den Bindfaden und legt die Stangen vorsichtig, damit die Köpfe nicht brechen, zu gleichen Teilen auf vier längliche Teller (Spargelplatten). Bei einem Vorgericht rechnet man nur ein halbes Pfund pro »Genießer«. Die Stangen werden mit einer Marinade aus etwas Sud, Essig, Öl und Zitronensaft übergossen. Man läßt diese Beize etwas einziehen, ehe es ans Essen geht. Dazu paßt natürlich ein guter Tropfen vom Tiroler Weißen.

Ochsenmaulsalat

500 g Ochsenmaul
1 Zwiebel
Essig und Öl
Salz, Pfeffer
eventuell 50 g Fisolen
(Buschbohnen)

Bei den Ochsenmäulern ist's wie bei den Kutteln: Wenn man sie nicht fertig zu kaufen bekommt, muß man sie drei bis vier Stunden lang kochen. Dann läßt man sie abkühlen und schneidet davon hauchdünne Blattl ab, die mit dünnen Zwiebelringen, Essig, Öl, Salz und Pfeffer zu einem herzhaften Salat aufgemischt werden. Man kann auch gesurtes Ochsenmaul verwenden und noch einige Fisolen daruntertun. Gut schmeckt dazu ein Butterbrot mit Schnittlauch.

Graukas oder Zieger mit Zwiebeln

400 g Kas *Salz, Pfeffer*
1–2 Zwiebeln *Essig und Öl*

Daß die beiden Brüder sind oder zumindest ganz nahe Verwandte, das sieht man nicht nur, man riecht es auch! Sie gehören zur Familie der spitzkegeligen Kleinkäse und sind auf der Alm geboren. Freilich gibt es heutzutags auch schon im Talgrund Sennereien, und die hier erzeugten Flachlandtiroler schmecken ebenso markant, penetrant, pikant, arrogant, elegant, rass-ant wie ihre Vettern vom Berge. Alle sehen aus wie ein Tirolerhut ohne Krempe und haben die Größe eines Kreisels, den man in der Bubenzeit mit einer Geißel auf der Straße hat tanzen lassen.
Beide Käsesorten sind nichts anderes als vergorener und abgefaulter Topfen. Man zerbröckelt den Käse und richtet ihn mit Zwiebelringen oder -würferln an. Salz und Pfeffer, Essig und Öl umschwärmen ihn und stimmen ihn milder.

Bozner Soße

3 Eier *1 Eßlöffel Grünzeug*
3 Eßlöffel Olivenöl *1 Essiggurkerl*
1 Eßlöffel Kräuteressig *1 Eßlöffel Kapern*
Saft von ½ Zitrone *2 Sardellenfilets*
1 Teelöffel Senf *Salz, Pfeffer*
1 Eßlöffel Rahm *1 Prise Zucker*
1 Zwiebel *1 Spritzer Weißwein*

Wenn man in eine klassische Mayonnaise drei bekannte Grundsoßen einrührt – »Tatar«, »Remoulade« und »Grüne« –, dann hat man die Bozner Soße. Gleich an den Zutaten erkennt man, daß sie wohl an pikanter Würzigkeit kaum mehr übertroffen werden kann.

Man kocht drei Eier. Die Dotter werden durch ein feines Sieb in eine Porzellanschüssel gedrückt. Dann träufelt man unter fleißigem Rühren das Olivenöl hinzu, dann den Essig, den Zitronensaft, scharfen Senf und sauren Rahm. Zwiebel, Grünzeug der Saison, das Gurkerl, die Kapern und die Sardellenfilets können mitsammen verwiegt werden und kommen auch in die Soße, die mit Salz, Pfeffer, einer Prise Zucker und einem Schuß Weißwein abgeschmeckt wird. Das gehackte Eiweiß wird zum Schluß untergehoben.

Feine Semmelkrensoße

3 trockene Semmeln
Salz
½ l Fleischbrühe
1 Ei
60 g Butter
½ Eßlöffel Mehl
1 Messerspitze Zucker
1 Messerspitze Safran
3 Eßlöffel Kren

Man schneidet die Semmeln blättrig oder verwendet gleich Knödelbrot. Es wird gesalzen und mit heißer Fleischsuppe übergossen. Hinzu kommt noch ein Ei. Alles wird mit dem Schneebesen gut verrührt und durchgekocht. Nebenbei macht man in einem Pfannderl aus viel Butter, wenig Mehl und einer Idee Zucker eine flüssige helle Einbrenne, die man unter den Semmelteig mengt. Eine Messerspitze Safran rundet den Geschmack ab. Erst zum Schluß wird der frisch geriebene Kren untergehoben. Diese Soße paßt am besten zu gekochtem Rindfleisch.

Tiroler Soße

1 Eidotter
Salz, Pfeffer
1 Prise Zucker
1 Eßlöffel Zitronensaft
1 Teelöffel mittelscharfer Senf
1 Eßlöffel Tomatenmark
1 Ei
1 Teelöffel Kapern
1 Eßlöffel Petersilie
⅛ l Öl

Diese auf Mayonnaise-Grundlage gemischte Soße paßt zu gebackenem und gekochtem Fisch und auch für Fischsalate. Alle angegebenen Zutaten werden miteinander verrührt. Das hartgekochte Ei, die Kapern und das Petersilkraut hat man dabei vorher fein verwiegt.

Wenn man dem Ganzen einen weiteren Eßlöffel Tomatenmark und zwei Eßlöffel geriebenen Kren beifügt, hat man die *Seefelder Soße*, die gerne zu kalten geräucherten Fischen gegessen wird.

Krautspecksalat

½ Weißkrautkopf *Prise Salz*
¼ Tasse Wasser *125 g geräuchertes Bauchfleisch*
½ Teelöffel Essig *⅛ l Essig*
1 cl Öl

Nachdem man den Strunk entfernt hat, schneidet man den Krautkopf in entsprechende Stücke, die man mit dem Gurkenhobel zerkleinern kann. Dann bereitet man in einer Schüssel die Salatsoße aus Wasser, Essig, Öl und einer Prise Salz. Damit vermischt man nun das Hobelprodukt. Und jetzt kommt das Tüpferl auf's i: In einer Pfanne läßt man feinwürfelig geschnittenes geräuchertes Bauchfleisch aus, das mit ⅛ l Essig abgelöscht wird. So gibt man es über den Salat und vermischt es damit. Wer mag, kann zusätzlich noch Kümmel als Gewürz nehmen.

Kastanienblaukraut

500 g Blaukraut *3 Nelken*
30 g Schweineschmalz *1 Apfel*
1 Zwiebel *Wasser oder Suppe nach Bedarf*
30 g Zucker *½ Eßlöffel Mehl*
1 Eßlöffel Essig *7 Kastanien*
½ Teelöffel Kümmel *⅛ l Rotwein*
1 Prise Salz

Man hobelt das Blaukraut oder schneidet es nudelig und gibt es in einen Tiegel, in dem bereits Schweineschmalz, gehackte Zwiebeln und Zucker eine heiße Verbindung eingegangen sind. Nach kurzem Umrühren wird sofort Essig eingegossen, damit es die Farbe behält. Nun läßt man das Kraut eine Viertelstunde lang zugedeckt dünsten und würzt es dann mit Kümmel, Salz und einigen Gewürznelken. Auch ein geriebener kleiner Apfel kommt dazu. Wenn nötig, muß Flüssigkeit zugegossen werden. Dann kommt der Deckel wieder darüber, und man läßt das Ganze eine halbe Stunde in Ruhe. Sobald das Kraut weich ist, wird ein Teigerl eingerührt, das aus Mehl und Wasser besteht. Möglicherweise wird man nochmals ein wenig aufgießen müssen. Ganz zum Schluß freut sich der Kochlöffel auf die Bekanntschaft mit gekochten, durchpassierten Kastanien und einem guten Tropfen Rotwein. Nur ein paar Minuten reden sie miteinander, dann trennt sie die Köchin. Das Kraut wird an die entsprechenden Plätze getragen: zu Wild, Geflügel, Braten, gekochtem Rindfleisch.

Überbackener Spargel

500 g Spargel
Salzwasser
¼ l Rahm
Salz
Zitronensaft
2 Eßlöffel Parmesan

Die geschälten Spargelstangen werden in leichtem Salzwasser weichgekocht, wobei man das Gefäß nur die ersten fünf Minuten zudeckt. Dann werden sie abgetropft, in eine Pfanne gelegt und darin mit Rahm übergossen. Man würzt leicht mit Salz, ganz wenig Zitronensaft und schwenkt gut durch. Wenn die Sahne zur Hälfte eingezogen ist, wird der Spargel in eine feuerfeste Form umgebettet und wieder mit dem Rahm zugedeckt. Dieser bekommt allerdings noch einen Überzug aus geriebenem Parmesan. Das Spargelgericht wird im Rohr bei Oberhitze überbakken, bis der Käse (ca. 3 Minuten) geschmolzen ist.

Schwammerlreis

1 Zwiebel
50 g Butter
500 g Reis
⅛ l Weißwein
1½ l Fleischbrühe
½ Zwiebel
½ Knoblauchzehe
1 Eßlöffel Butter
1 Teelöffel Öl
250 g Eierschwammerl (Reherl, Pfifferlinge)
Salz, Pfeffer
1 Eßlöffel Petersilie
50 g Parmesan, 50 g Butter

Zuerst macht man sich an das Reisgericht, weil es länger braucht als die gerösteten Eierschwämme. In einem Tiegel bräunt man

eine gehackte Zwiebel in Butter an, gibt den Reis dazu und gießt mit Weißwein und Fleischsuppe auf. Unter öfterem Umrühren läßt man das Ganze gut eine Viertelstunde kochen.
In einer Pfanne schwitzt man Zwiebelwürferl und etwas zerdrückten Knoblauch in Butter und Öl an und rührt dann die Eierschwammerl hinein. Größere werden blättrig geschnitten, kleinere lediglich längs halbiert. Sobald die Schwammerl durchgedünstet sind, werden sie gesalzen, gepfeffert und mit gehackter Petersilie bestreut. Den Inhalt der Pfanne gibt man nun in den Tiegel zum Reis und verrührt darin auch noch geriebenen Parmesan und 50 g Butter.

Vormas
Das Tiroler Vormas ist eine vormittägige Zwischenmahlzeit, ein Gabelfrühstück, zu dem Weißwein getrunken wird. Dieses Morgengericht besteht aus einer gepökelten Zungenscheibe, Ochsenmaul, Kalbskopf, Schweinssulz in Essig und Öl mit Zwiebelringen und einigen Scheiben Safelade (Cervelatwurst). Salz- und Pfefferbüchsl stehen daneben, und es steigt einem der »Duft« von frisch geriebenem Kren in die Nase. Dazu gibt's Bauernbrot mit Knoblauchbutter.

Marende
Die Marende ist eine Brotzeit oder Jause mehr für den Nachmittag. Man ißt Rindsgeselchtes, Bauernspeck und Kaminwurzen. Das sind hausgemachte, geräucherte Schweinswürste. Da sie ziemlich fett sind, taucht man sie gern in frischen Kren. Als Brote sind die Vinschger Paarlen recht beliebt, das sind zwei zusammenhängende kleine Laibe. Je nach Technik der Herstellung gibt es Schüttel- und Vorschlagbrote, große dicke Wecken und dünne Fladen, meistens Mischbrote. Hartgekochte Eier und Käse vervollständigen die Marende.

Törggelen
Das Wort kommt aus dem Lateinischen (torquere) und bedeutet soviel wie »winden, pressen, drehen«, welcher Tortur die Wein-Maische nach der Lese unterzogen wurde. Nach einer gewissen

Zeit will man halt wissen, was aus dem Getörggelten geworden ist und macht eine Probier. Dazu braucht man aber eine gute Unterlage im Magen, weil man nie weiß, wie stark der »noie« oder »nuie« Wein ins Blut schießt. Da derselbe für sich allein nie so gut schmeckt wie in Gesellschaft, ist aus dem Verkosten des »Neuen« ein Fest geworden, das Törggelen. Es kann in der guten Stube des Weinbauern stattfinden, im Wirtshaus, ja heute sogar schon in einem Festzelt. Nirgends ist so deutlich zu spüren, daß Essen und Trinken Leib und Seele zusammenhält, wie in einer solch fröhlichen Runde. Das Angebot zum Wein ist groß. Man läßt den oft kopierten, aber nie erreichten Tiroler Bauernspeck auf der Zunge zergehen, man ißt ein würziges Roggenbrot dazu, schneidet sich ein Trumm Käs auf dem Brettl her oder hausgeselchte Hartwürst. Dazu gibt's noch die gebratenen Kösten, die auf gut deutsch Maroni heißen. Auch die Nussen (Nüsse) sind schon zeitig. Und wen nach was Warmem verlangt, bitte! Wie wär's mit einer dicken Gerstensuppe, mit einem Schöpsenbratl oder gesurten Schweinsrippen? Alles da! Getörggelt wird ab Oktober bis kurz vor Weihnachten.

Die 4 Tiroler Elementen

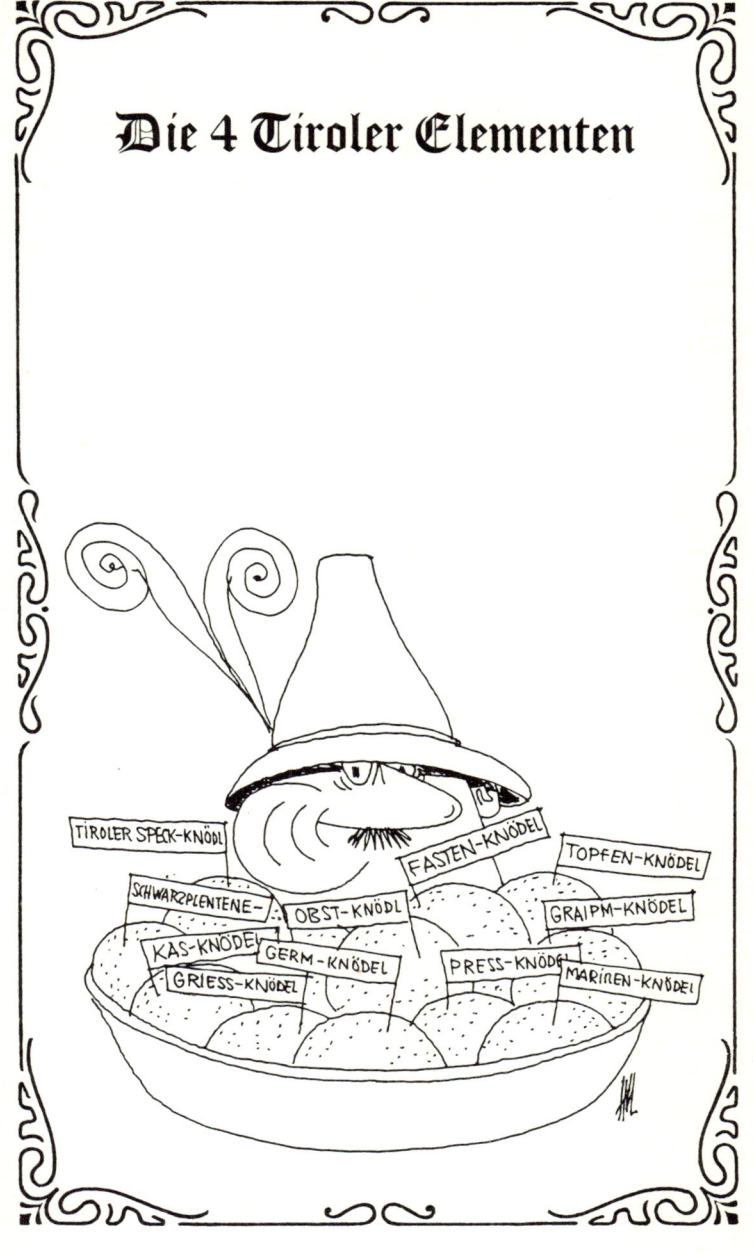

»Knödel, Nudel, Nocken, Plenten, sein die vier Tiroler Elementen.« Wie wahr dieser alte Bauernspruch ist, zeigt fast jede gute Südtiroler Speisenkarte. Von den Knödeln soll es früher 36 Varianten gegeben haben. Der Speckknödel, so derbleckt man sich selbst, sei 360mal im Jahr auf den Tisch gekommen. Nach einem romanischen Fresko in der Schloßkapelle von Hocheppan aus der Zeit um 1130 hat eine Magd für die Gottesmutter, die sich gerade im Kindsbett befand, zur Stärkung Knödel gekocht und zwar schöne, große, runde, keine Preßknödel. Die Italiener sagen »ghenedeli« dazu, dafür haben wir ihre »gnocchi« in Nokkerl umgetauft, besser gesagt, aufgewienert. Es wäre aber auch wirklich ein Wunder gewesen, wenn die österreichische Küche in Südtirol nicht eingeheiratet hätte. Wenn man 250 Jahre lang miteinander geht! Dagegen haben es die preußischen Kartoffeln sehr schwer gehabt, hier Fuß zu fassen, sind aber ihrer Eigenschaft treu geblieben, wenn sie einmal da sind, auch dazubleiben und sich zu vermehren. Dennoch haben sie den Länderkampf gegen die einheimischen Bandnudeln, also gegen Wasser und Mehl, verloren. Der »Plenten« wird an Ort und Stelle abgehandelt.

Knödel

Fastenknödel

10 trockene Semmeln *50 g Butter*
⅛ l Milch *Salz*
½ Zwiebel *3 Eier*
Petersilie *2 Eßlöffel Mehl*

Die blättrig oder würfelig geschnittenen Semmeln oder das fertige Knödelbrot gibt man in eine Schüssel und übergießt es sofort mit heißer Milch, die man eine Viertelstunde lang einziehen läßt. Währenddessen röstet man Zwiebelwürferl und etwa 1 Eßlöffel voll gehackte Petersilie in Butter an und gibt sie ebenfalls in die Schüssel. Dann salzt man das Milch-Brot, schlägt die Eier ein, streut Mehl dazu und verrührt alles zu einem mittelfesten Teig, dessen Konsistenz man durch Zugabe von Bröseln oder Milch regulieren kann.

Die Knödel werden mit nassen Händen geformt. Sie müssen 12 bis 15 Minuten leicht kochen. Diese *Semmelknödel* sind gute Soßenschlucker. Drum passen sie besonders zu Gulasch oder Beuschel. Zu Fastenknödel werden sie, wenn man sie noch in Schmalz bäckt und mit Kraut als Hauptgericht ißt.

Grießknödel

¼ l Milch *2 Eßlöffel Parmesan*
125 g Butter *Prise Salz*
250 g Grieß *1 Messerspitze Muskat*
2 Eier *1 Eßlöffel Petersilie*

Man kocht Milch, Butter und Grieß zu einem dicken Brei, den man dann an den Herdrand zieht. Wenn er nicht mehr kocht, gibt man rasch die zwei Eier und den geriebenen Käse dazu. Gewürzt wird mit Salz, einer Spur Muskat und ein wenig gehackter Petersilie. Wenn die Masse lauwarm ist, sticht man mit einem nassen Eßlöffel Nockerl heraus, die man mit der Hand zu Knödel formt und in kochendes Salzwasser gleiten läßt. Darin müssen sie gut fünf Minuten bleiben. Sie passen besonders zu Saftfleisch, Pilzgerichten, aber auch als Suppeneinlage.

Grießknödel zum Selchfleisch

150 g Schweinefett
120 g Knödelbrot
300 g Grieß

ca. ¼ l Fleischbrühe
2 Eier
Salz

In einem Topf läßt man Schweinefett zerlaufen, gibt feingeschnittenes Knödelbrot und den Grieß dazu und rührt fleißig um, bis man vom Fett nichts mehr sieht. Dann wird schöpflöffelweise die Fleischbrühe dazugegossen. Sie stammt vom Schwarzgeselchten, das man für dieses Gericht mitkocht. Es muß eine mittelfeste Knödelmasse entstehen, die man abkühlen läßt. Danach erst werden die Eier eingerührt. Man läßt den Teig noch eine Viertelstunde einziehen, dann formt man mit nassen Händen Knödel (etwa 8 Stück), die fünf Minuten in Salzwasser kochen und dann eine Viertelstunde ziehen müssen. Wie schon erwähnt, gehören diese Knödel zu gekochtem Rauchfleisch (und Sauerkraut).

Kasknödel

10 trockene Semmeln
Salz, Pfeffer
2 Pfund Reibkäse
150 g Butter
150 g Zwiebeln

4 Eier
½ l Milch
350 g Mehl
Fett zum Backen

Die zu Knödelbrot geschnittenen Semmeln kommen in eine Schüssel und werden mit Salz und Pfeffer bestreut. Dann bröselt man den geriebenen Käse darüber. Welche Sorte, sei Ihnen überlassen. Parmesan macht sich immer gut. Hinzu kommen noch in Butter goldbraun geröstete Zwiebelwürferl und vier Eier, die man in lauwarmer Milch verschlagen hat. Das alles mantscht man mit der Hand gut durch und mischt am Schluß noch das Mehl darunter. Diese Masse läßt man eine Viertelstunde einziehen und dreht dann mit nassen Händen Knödel in beliebiger Größe, die jedoch nicht, wie üblich, in Salzwasser gekocht werden, sondern ein heißes Schmalzbad nehmen müssen. Am besten eignet sich Pflanzenfett, das hohe Temperaturen verträgt. Darin werden die Knödel schwimmend goldbraun gebacken. Sie passen zur Suppe, zum Kraut und auch nur zu sich selbst.

Preßknödel

6 trockene Semmeln	1 Eßlöffel Petersilie
⅛ l Milch	60 g Mehl
2 Eier	Salz, Kümmel
100 g Graukas oder Zieger	Butter

In die zu Knödelbrot geschnittenen Semmeln gießt man heiße Milch und läßt sie zehn Minuten einziehen. Dann rührt man die übrigen Zutaten dazu, nämlich die Eier, den zerbröckelten Käse, gehackte Petersilie und Mehl. Als Gewürze werden nur Salz und ein halber Kaffeelöffel Kümmel verwendet. Man läßt den Teig eine Viertelstunde ruhen, dann formt man plattgedrückte Knödel daraus (wie Fleischpfanzl), die in einer Pfanne in Butter auf beiden Seiten goldgelb angebacken werden. Dann erst werden sie zehn Minuten in Salzwasser fertiggekocht.
Die Preßknödel sind ein beliebtes Freitagsgericht im Pustertal. Dort nennt man sie »Pressa«. Man sagt, die ersten zwei Pressa ißt man zu »Wasser«, also in der Suppe, und die übrigen zu »Land« (mit Kraut).

Topfenknödel

50 g Butter	30 g Grieß
2 Eier	Salz
150 g Topfen	30 g Semmelbrösel
30 g Mehl	3 Eßlöffel Rahm
	3 Semmeln

Butter und Eier werden schaumig gerührt, dann ist Stellungswechsel vom Quirler zum Kochlöffel. Es kommen in die Schüssel: der (nicht tropfnasse) Topfen, Mehl, Grieß, Salz, Semmelbrösel, der Rahm und das in kleine Würfel geschnittene Semmelbrot. Dieser gut vermischten Masse vergönnt man eine halbe Stunde Ruhepause. Inzwischen wird das Salzwasser zugesetzt, in dem die Knöderl eine knappe Viertelstunde ziehen, aber nicht kochen müssen. Man formt kleine Rundlinge; es sollte schon ein Dutzend aus dem Teig herausgehen. Diese lockeren Topfenknödel passen gut zu Kompott oder Eingemachtem. Besonders appetitlich sehen sie aus, wenn man sie vor dem Servieren in angebräunten Semmelbröseln wendet.

Obstknödel

Zum Kartoffelteig:
500 g Kartoffeln
120 g Mehl
30 g Grieß
Salz
1 Ei

30 g Butter
Zum Anrichten:
75 g Butter
100 g Semmelbrösel
Zimtzucker

Vorbereitung: Marillen (Aprikosen) oder Zwetschgen von den Kernen befreien und an deren Stelle Zuckerwürfel einlegen.
Für den Teig läßt man die gekochten Kartoffeln handwarm werden, schält sie und preßt sie durch. Dann werden sie locker auf dem Nudelbrett ausgebreitet und abgekühlt. Darüber siebt man das Mehl, gibt den Grieß hinzu, salzt, schlägt das Ei auf und läßt die zerlassene Butter darüberlaufen. Nun knetet man das Ganze rasch zu einem lockeren Teig. Er wird so dünn wie möglich ausgerollt und in Vierecke geschnitten, in die man jeweils eine mit Zucker gefüllte Frucht einwickelt. Man formt mit bemehlten Händen Knödel und kocht sie 8–10 Minuten in Salzwasser. Dann läßt man sie abtropfen und wälzt sie in mit Butter gebräunten Bröseln. Man serviert sie, mit Zimtzucker bestreut, auf einer warmen Platte.
Statt des Kartoffelteigs kann für solche Knödel auch Brandteig oder Topfenteig verwendet werden.

Schwarzplentene Knödel

2 Eßlöffel Butter
120 g Räucherspeck
4 Semmeln
2 Eier
8 Eßlöffel Schwarzplentenmehl

2 Eßlöffel Weizenmehl
Grünzeug der Saison (Zwiebelröhrchen, Schnittlauch, Petersilie usw.)
¼ Teelöffel Salz
Wasser oder Milch

Der Plenten ist der Nachkriegsgeneration kaum mehr bekannt. Der Anbau ist in den letzten fünfzig Jahren auf etwa 10 Prozent des ursprünglichen Verbreitungsgebietes zurückgegangen. Der Plenten wurde nach dem Kornschnitt Mitte Juli auf denselben Feldern als Zweitfrucht angebaut. Er blüht rosarot und gilt als das »schnellste Getreide«, weil er bereits 90 Tage nach der Aus-

saat reif ist. Eigentlich ist er gar kein Getreide, sondern eine Knöterichpflanze, deren bucheckernförmige Samen gemahlen werden. Man kennt drei Arten: den grauen, den schwarzen und den grünen Plenten; der schwarze hat sich durchgesetzt. Schwarzplentenmehl wird in der Gastronomie wieder dort verwendet, wo man auf Tradition Wert legt und den Gästen überlieferte einheimische Kost vorsetzen möchte. Allerdings kann der Rohstoff auch aus fernen Ländern kommen. Mangels Masse führt Südtirol nämlich den Plenten auch aus arabischen Ländern und der Türkei ein, damit jeder, der danach verlangt, zu seiner runden Suppeneinlage kommt. Denn Plentenmehl ist Knödelmehl:
In einer Pfanne läßt man Butter zerlaufen, gibt kleingewürfelten Räucherspeck hinzu und röstet darin die in Würfel geschnittenen Semmeln goldgelb und rösch. Dann leert man alles in eine Schüssel um, rührt die Eier, das Mehl und sehr viel gewiegtes Grünzeug dazu, salzt und gießt so viel lauwarmes Wasser dazu, daß ein nicht zu fester Teig entsteht. Man dreht daraus acht Knödel, die in Salzwasser 20 Minuten gekocht werden. Die Schwarzplentenen sind gute Soßenschlucker!

Graipm-Knödel

500 g Knödelbrot   *250 g Graipm (Grieben)*
250 g Mehl   *1 Teelöffel Salz*
3 Eier   *Zwiebel und Butter nach Belieben*
¼ l Milch   *Petersilie*

Wenn man rohen Schweinespeck in feine Würfel schneidet und diese in einem weiten Tiegel (möglichst große Berührungsfläche mit der Hitze) schmelzen läßt, dann erhält man dreierlei: Schweinefett, Grieben, die in Südtirol Graipm heißen, und einen durchdringenden Schmalzgeruch im ganzen Haus. Drum ist man nicht schlecht beraten, sich diese Fettrückstände beim Metzger zu holen.
Das Knödelbrot wird in einer Schüssel mit dem zusammengerührten Teig aus Mehl, Eiern, Milch, Graipm und Salz gut durchgemengt. Man kann auch noch in Butter angeschwitzte Zwiebelwürferl dazutun. Einen Teil der Milch hebt man sich

vorsichtshalber auf, damit man den Teig, falls er zu fest ist, flüssiger machen kann. Zum Schluß wird feingehackte Petersilie dazugemischt. Man formt mit nassen Händen aus dieser Masse zehn Knödel, die zwanzig Minuten in Salzwasser gekocht werden. Graipm-Knödel ißt man zu gekochtem Schweinefleisch mit Sauerkraut.

Tiroler Speckknödel

100 g Räucherspeck
½ Zwiebel
1 Eßlöffel Petersilie
8 Semmeln
50 g Mehl

¼ l Milch
2 Eier
100 g Bauchspeck
Salz, Pfeffer
Muskat

In einer Pfanne läßt man Räucherspeck aus, der zuvor sehr fein in Streifen geschnitten wurde, damit er sich gut ausbrät. Darin dünstet man gehackte Zwiebeln sowie Petersilkraut an und gibt die Semmelwürfel dazu. Sie sollen knusprig braun werden. Inzwischen verrührt man in einer Schüssel Mehl, Milch und Eier zu einem Teig und gießt den Inhalt der Pfanne, also das Brot mitsamt dem ausgebratenen Fett, darüber. Außerdem werden die Würferl des gekochten und geräucherten Bauchspecks und die Gewürze dazugemischt. Nach einer halben Stunde formt man mit nassen Händen Knödel, die man zunächst auf ein Brett legt, damit man sie gemeinsam ins sprudelnde Salzwasser legen kann. Darin müssen sie fünf Minuten kochen und zehn Minuten ziehen.

Nach einem alten Spruch ißt man den ersten Tiroler Knödel in der Suppe, den zweiten zum Kraut, den dritten zum eingemachten Fleisch und den vierten zum Salat. Und da gibt es nicht wenige, die sich an ihre Schulzeit erinnern, als der Herr Lehrer sagte: »Und jetzt fangen wir wieder von vorne an!«

Rezepte für verschiedene Wildbeizen finden Sie auf S. 64/65 ▷

Nudeln

Hausnudeln

300 g Mehl
Salz
2 Eier
3 Eßlöffel Wasser

Man siebt das mit dem Salz vermischte Mehl auf das Nudelbrett, macht in der Mitte eine Mulde und verschlägt darin mit der Gabel die Eier und das Wasser. Dann rührt man mit den Fingern einen Teig zusammen, den man so lange knetet, bis er mittelfest und geschmeidig ist. Nun wird die Teigkugel geteilt. Während man das erste Stück sofort millimeterdünn auswellt, muß das zweite unter einer Schüssel warten, bis es drankommt. Beim Walken sollte man, falls erforderlich, ganz wenig Mehl unter den Teig sieben. Dann werden die Nudelflecke auf ein Tuch gelegt und bei Zimmertemperatur ungefähr eine Stunde luftgetrocknet. Wenn sie sich entsprechend anfühlen, legt man sie aufeinander, rollt sie zusammen (sie dürfen nicht mehr kleben) und schneidet sie zündholzdick oder bandbreit (1 cm). Wer Nudeln auf Vorrat herstellen möchte, darf das Mehl nicht salzen.

Jägernudeln

50 g Butter
100 g Bauchspeck
1 Zwiebel
200 g Pilze
3 Eßlöffel Rahm
1 Teelöffel Petersilie
Salz, Pfeffer
400 g Nudeln
Reibkäse

Obwohl sich Jäger und Schwammerlsucher nicht unbedingt gern haben müssen, dichtet die Küchensprache den Waidmännern eine innige Beziehung zu den Pilzen an. Sobald im Rezept nur ein paar Schwammerl vorkommen, wird flugs ein Jäger vor den Braten, vors Schnitzel oder vor die Suppe gesetzt. Auch bei diesen Nudeln hat einer den Paten machen müssen.

Zunächst läßt man im Kochtopf die Butter zerlaufen, den ganz kleinwürfelig geschnittenen geräucherten Bauchspeck ausbraten und die gehackte Zwiebel mit den feinblättrig geschnittenen Pilzen der Saison anschwitzen. Dann rührt man den Rahm hin-

◁ *Was es mit dem Törggelen auf sich hat,*
können Sie auf S. 79/80 lesen

ein und die Petersilie, würzt und hält alles heiß. Inzwischen wurden die in Bandform geschnittenen Hausnudeln (s. vorhergehendes Rezept) in Salzwasser gekocht. Sie werden dazugegeben und mit Käse bestreut.

Hausnudeln Burggrafenart

1 Zwiebel	¼ l Rahm
1 Knoblauchzehe	eventuell etwas Bratensoße
100 g Butter	Salz, Pfeffer
125 g Schweinsfilet	1 Eidotter
125 g Bauchspeck	50 g Parmesan
125 g Champignons	400 g Hausnudeln
⅛ l Weißwein	

Wenn man die Hausnudeln selbst (s. Seite 89) erst zubereiten muß, beginnt man mit deren Herstellung noch vor der Soße. Die Soße wird dann folgendermaßen zusammengestellt: Zuerst werden die Zwiebel und die Knoblauchzehe fein gehackt und in Butter hellgelb angeschwitzt. Jetzt kommen das Filet, der geräucherte Bauchspeck und die Schwammerl hinzu. Sowohl das Fleisch als auch die Pilze werden vorher in dünne Scheiben oder Streifen geschnitten. Man röstet alles gut durch, löscht mit Weißwein (oder 2 cl Cognac) ab, gießt den Rahm dazu und, wenn vorrätig, auch etwas Bratensoße. Mit Salz und Pfeffer wird abgeschmeckt. Ein daruntergerührter Eidotter und geriebener Käse sorgen für eine gute Bindung. In dieser Soße schwenkt man nun die hausgemachten, frisch gekochten und noch heißen Bandnudeln.

Nudelauflauf

250 g Nudeln	Petersilie
100 g Schinken	3 Eiweiß
100 g Fleischreste	1 Tomate
100 g Reibkäse	Semmelbrösel
3 Eidotter	Butterflocken
4 Eßlöffel Rahm	50 g Parmesan
Salz, Pfeffer	

Die Hälfte der gekochten Nudeln kommt als unterste Schicht in die gebutterte und gebröselte Auflaufform. Die zweite Lage besteht aus durch den Wolf gedrehtem Schinken und Fleischresten. Man muß diese Masse vorher noch mit Reibkäse, Eidottern und Rahm vermischen, mit Salz, Pfeffer und gehackter Petersilie würzen und mit geschlagenem Eiweiß durchziehen. Obenauf legt man eine Tomate, entweder in Scheiben oder gewürfelt. Es folgt als oberste Schicht der Rest der Nudeln, die man mit Semmelbröseln bestreut. Der Auflauf wird im Rohr bei 190 Grad ungefähr eine Dreiviertelstunde gebacken. Zum Schluß setzt man ihm einige Butterflocken auf und verteilt darüber geriebenen Parmesan. Er muß noch einmal gut fünf Minuten in die Hitze, bis der Käse geschmolzen ist.

Spinatnudeln

150 g Spinat *Salz*
300 g Mehl *2 Eier*

Man nennt sie auch grüne Nudeln, weil sie der Spinat entsprechend färbt. Dieser wird in wenig Salzwasser gekocht und passiert. Man rührt aus der Spinatmasse mit Mehl, Salz und Eiern einen Nudelteig, den man in vier Portionen teilt. Man rollt sie einzeln auf leicht bemehlter Arbeitsfläche zu sehr dünnen Blättern aus und schneidet daraus Bandnudeln, die getrocknet und anschließend ihrem Verwendungszweck zugeführt werden. Sollen sie aber nicht für ein anderes Gericht verwendet werden, dann kocht man sie zehn Minuten in Salzwasser, läßt sie abtropfen und ißt sie sogleich, aufgeschmälzt in Butter und mit geriebenem Parmesan bestreut.

Kressenudeln

Zum Nudelteig: *Eiswasser*
250 g Mehl *¼ l süßer Rahm*
50 g Hartweizengrieß *2 Eidotter*
3 Eier *Salz, Pfeffer*
20 g Olivenöl *50 g Parmesan*
10 g Salz *200 g geräucherter Bauchspeck*
Zur Soße: *(Wammerl)*
500 g Gartenkresse

Zuerst macht man die Nudeln. Die Zutaten werden gut vermengt und anschließend so lange geknetet, bis der Teig ganz glatt ist. Man formt daraus eine Kugel, deckt sie ab und läßt sie eine Stunde rasten. Dann wird der Teig dünn ausgerollt und in 3 cm breite Streifen geschnitten. Diese läßt man auf einem Tablett noch eine halbe Stunde antrocknen.

Für die Soße muß zunächst die Kresse vorbereitet werden: Man wäscht sie gut, schneidet die Stiele ab und blanchiert sie kurz in kochendem Wasser. Dann wird sie sofort in Eiswasser abgeschreckt, damit sie die Farbe nicht verliert, und nach dem Herausnehmen wird sie etwas zerkleinert. In einer Schüssel verrührt man nun den Rahm, die Eidotter, Salz, Pfeffer und den geriebenen Parmesan. Darauf läßt man in einer Pfanne das in Würferl oder Streifen geschnittene Wammerl heiß werden, gibt die Kresse dazu und gießt mit der Sahnemischung auf.

Inzwischen wurden die Nudeln zwei Minuten lang in kochendem Salzwasser gegart, abgetropft, kurz abgeschreckt und in der Pfanne mit der Soße gut durchgeschwenkt.

Im Gasthof Stafler in Mauls im Eisacktal heißen sie »Breite Eierteignudeln in Kresserahm« und sind eine Spezialität von Chefkoch Bruno Bortondello.

Nocken

Wasserspatzen

500 g Mehl	Salz
¼ l Wasser	Bratfett
2 Eier	eventuell 1 Zwiebel

Aus den ersten vier Zutaten rührt und schlägt man einen festen Teig. Daraus sticht man mit dem Löffel kleine Spatzen, einfache Teigbrocken, die man, so wie sie gerade geworden sind, ins sprudelnde Salzwasser gibt und darin eine Viertelstunde kochen läßt. Wählt man aber die Verkleinerungsform, will man also bloß *Spatzeln* zubereiten, dann reibt man den Teig durch ein Sieb mit Löchern von einem Durchmesser von etwa 9 mm (Spatzlseiher) ins Salzwasser. Die Spatzeln gehen sofort unter und sind fertig, wenn sie wieder auftauchen. Die weitere Behandlung ist bei Spatzen und Spatzeln gleich: Sie werden nach dem Herausnehmen in kaltem Wasser abgeschreckt, abgetropft und dann in der Pfanne gebraten. Man kann dabei auch eine feingehackte Zwiebel mitrösten.

Spinatnocken

1000 g Spinat	200 g Semmelbrösel
1 Zwiebel	3 Eier
50 g Butter	3 Eßlöffel Milch
1 Eßlöffel Petersilie	Salz
100 g Mehl	Muskat

Wenn der Spinat gekocht und durchpassiert ist, schwitzt man eine kleine feingehackte Zwiebel in Butter an, gibt den Spinat und die Petersilie hinzu und verrührt. In einer Schüssel vermischt man Mehl mit Bröseln, schlägt drei Eier dazu, gießt Milch ein und würzt mit Salz und Muskat. Dann kommt der Zwiebel-Spinat ebenfalls in die Schüssel. Wenn alles gut vermengt ist, sticht man mit dem Löffel Nockerl heraus, die man 20 Minuten lang in Salzwasser kocht.

Spinatspatzel mit Schinken

500 g Spinat	Salz
300 g Mehl	200 g Schinken
2 Eier	60 g Butter
3 Eßlöffel Rahm	Reibkäse

Zuerst wird der Spinat in Salzwasser gekocht und durchpassiert. Dann rührt man aus Mehl, Eiern, Rahm und Salz einen Spatzelteig, den man mit der Spinatmasse vermischt. Es gibt verschiedene Geräte, womit man diesen Teig ins sprudelnde Salzwasser drücken kann: groblochige Seiher oder Spatzenhobel; Spezialistinnen verteilen die Masse auf ein Brett und schaben sie in den Tiegel. Die Spatzeln erweisen sich zunächst als Nichtschwimmer und versinken. Aber innerhalb weniger Minuten steigen sie hoch. Dann nimmt man sie heraus, verpaßt ihnen mit fließendem Wasser einen Kälteschock und läßt sie abtropfen.

Inzwischen hat man kleinwürfeligen geräucherten Schinken in Butter heiß werden lassen. Man gibt die Spinatspatzeln hinzu, erhitzt weiter, bis sich die Teigspatzerl wieder wohlig warm fühlen, und serviert das verrührte Gericht. Obenauf wird Käse gestreut.

Kasnocken

10 trockene Semmeln	50 g Grünzeug
3 Eier	Salz
½ l Milch	200 g Graukas
2 Eßlöffel Öl	Parmesankäse
1 Zwiebel	Butter

Die zu Knödelbrot geschnittenen Semmeln bekommen eine Eiermilch zu trinken und als Zukost in Öl goldbraun angeröstete Zwiebeln in Würferl oder feinen Streifen. Man vermengt dies zusammen mit gewiegtem Grünzeug der Saison, einer Prise Salz und zerbröckeltem Graukas. Wenn dieser sehr sauer ist, erübrigt sich das Salzen. Man läßt die Masse eine Viertelstunde anziehen und formt dann mit einem Eßlöffel und der freien Hand Nokkerl, die in Salzwasser zwölf Minuten gekocht werden. Wenn sie als Hauptmahlzeit serviert werden sollen, bestreut man sie mit geriebenem Parmesan und übergießt sie mit zerlassener Butter.

Topfennocken

250 g Topfen
2 Eier
60 g Mehl
60 g Semmelbrösel

30 g Rahm
Salzwasser oder
Butterwasser mit Rahm

In einer Schüssel rührt man den Topfen, die Eier, das gesalzene Mehl und die Semmelbrösel zu einem Teig, der mit Rahm noch verfeinert wird. Daraus sticht man mit dem Löffel kleine Nokken, die in Salzwasser gut fünf Minuten leise gekocht werden. Das Wasser sollte nicht sprudeln. Man kann die Nocken aber auch auf eine andre Art fertigstellen, indem man sie in Butterwasser siedet: Man läßt dabei in einem Topf Butter und Wasser zusammen heiß werden (60 g Fett auf 6 Eßlöffel Flüssigkeit), gibt die Nocken hinein und deckt zu. Ähnlich wie bei Dampfnudeln muß man es hören, ob die Nocken »zeitig« sind. Es deutet sich durch ein Prasseln im Tiegel an. Da deckt man dann ab, prüft, ob die Nocken auf der Unterseite braun sind, wendet sie, gibt noch ein paar Löffel Rahm dazu und wartet, bis dieser eingezogen ist. Dabei darf die Temperatur nur knapp über dem Siedepunkt sein. Die Nocken werden mit Zucker bestreut serviert. Hat man sie in Salzwasser gekocht, kann man sie auch mit zerlassener Butter, Reibkäse und Grünzeug zu Tisch geben.

Steinpilznocken

75 g Butter
½ Zwiebel
100 g Grünzeug
100 g Trockenpilze
(oder 800 g frische Schwammerl)
⅛ l Weißwein
3 Knoblauchzehen

Salz, Pfeffer
100 g Butter
Zum Brotteig:
5–6 Semmeln
100 g Mehl
3 Eier
ca. ½ Tasse Milch

Im Tiegel läßt man Butter heiß werden und schwitzt darin die würfelig geschnittene Zwiebel an, dann dünstet man das grobgeschnittene Grünzeug der Saison mit (z. B. Lauch, Petersilie, Sellerie) und gibt die Schwammerl dazu. Wenn man Trockenpilze verwendet, muß man sie vorher in kaltes Wasser legen und aufweichen. Blättrig geschnittene Steinpilze dagegen läßt man

vier Minuten dünsten, dann wird mit herbem Weißwein abgelöscht. Das Ganze muß jetzt zwei Minuten ziehen, dann rührt man die feingewiegten Knoblauchzehen ein, salzt, pfeffert und gibt noch einen schönen Batzen Butter in den Tiegel. Man rührt so lange, bis das Fett zerlaufen ist. Der Schwammerl-Ansatz ist somit fertig.
Den Brotteig bereitet man in einer Schüssel zu. Darin verrührt man würfelig geschnittene alte Semmeln, Mehl, drei Eier und etwa eine halbe Tasse Milch. Dann hebt man die gedünsteten Schwammerl darunter. Die Mischung läßt man fünf Minuten einziehen, dann dreht man daraus mit nassen Händen kleine Knödel, die man anschließend durch leichtes Drücken zu Nokkerln formt. Sie müssen in leicht gesalzenem Wasser fünf Minuten kochen. Im Gasthof »Zum Steinbock« in Villanders werden sie mit brauner Butter und Parmesan serviert.

Schlutzkrapfen mit Fülle

Zum Nudelteig:
300 g Roggenmehl
200 g Weizenmehl
3 Eier
1 Eßlöffel Öl
Salz
lauwarmes Wasser
Eiweiß

Aus diesen Zutaten (ohne Eiweiß) knetet man einen Nudelteig, der zugedeckt eine Stunde rasten soll. Dann teilt man ihn in sechs Stücke, die man zu dünnen Blättern auswalkt. Drei davon bestreicht man mit Eiweiß, setzt mit einem Kaffeelöffel in gleichmäßigen Abständen die jeweilige Fülle darauf, deckt mit den nicht bepinselten Blättern zu und sticht rund um die Fülle mit einem Glas oder einer Blechform Krapferl heraus oder radelt beliebige Formen ab (Vierecke, Karos, Dreiecke). Die Ränder werden leicht angedrückt, damit das Eiweiß klebt. Dann kocht man die Krapfen in Salzwasser, bis sie nach ungefähr zehn Minuten ihre anfängliche Tauchstation verlassen und in die Höhe steigen. Man läßt sie gut abtropfen, richtet sie auf einer vorgewärmten Platte an, bestreut sie mit geriebenem Parmesankäse und übergießt sie mit zerlassener heißer Butter.
Für die Schlutzkrapfen gibt es die verschiedensten Füllungen.

Die klassische ist die

Spinat-Fülle:
500 g Blattspinat wird in Salzwasser sieben Minuten gekocht, abgetropft und dann durch den Wolf gedreht oder feingewiegt. In einem Tiegel dünstet man die Würferl einer Zwiebel in 1 Eßlöffel Butter glasig, staubt 1 Eßlöffel Mehl darüber, verrührt zu einer hellen Schwitze und löscht diese mit einer halben Tasse Milch ab. Dann rührt man den Spinat (eventuell auch noch ein Ei) darunter, salzt kräftig (¼ Teelöffel) und schmeckt mit einer Prise Zucker und etwas Muskat ab.

Sehr beliebt und bekannt ist auch die

Fleisch-Fülle:
350 g Fleischreste (Braten, Schinken, Wurst) werden durch den Wolf getrieben. Es dürfen auch Hirn und Bries dabeisein. Diese Masse vermischt man mit in Fett angedünsteten Zwiebelwürferln, einem Ei, etwas Bratensoße und, wenn vorrätig, 50 g blanchierten Schwammerln. Dann muß man prüfen, wie stark die Fleischmasse gewürzt ist. Also nur noch »abschmecken« mit Salz, Pfeffer und Muskat.

Plenten, Erdäpfel und Zusammenkochts

Polenta (Plenten)

2 l Wasser
Prise Salz
500 g Maisgrieß

Für das Grundrezept sind keine weiteren Zutaten nötig. Man bringt das leicht gesalzene Wasser zum Kochen und streut unter ständigem Rühren den Maisgrieß ein. Man läßt einmal aufwallen und zieht das Gefäß auf milde Hitze zurück. Der Brei braucht etwa eine halbe Stunde, bis er ausgequollen ist. Dabei darf man nie das Rühren vergessen! Wann der Plenten fertig ist, merkt man daran, daß sich die Masse von Topf und Löffel löst. Man stürzt sie in eine mit Wasser ausgespülte Form oder auf die sogenannten Plentenbretter, die es hauptsächlich in Bauernhäusern heute noch gibt. Dann schneidet man sie in beliebige Stükke. Die Waldarbeiter haben sich früher ihre Plenten in eigenen Kupferkesseln gekocht. Die Polenta schmeckt gut zu Gulasch, Lüngerl und heißer Wurst.

Man kann die Polenta auch »verfeinern«, zum Beispiel durch Mitrühren von Eidottern, Reibkäse und Rahm. Oder es werden aus der »Grund-Polenta« Scheiben geschnitten, in der Pfanne gebraten und mit Käse bestreut. Bekannt sind auch die Polenta-Nocken. Man sticht sie aus der gekochten Masse und brät sie mit Zwiebelringen.

Grießplatteln

¾ l Milch
Salz
50 g Butter
175 g Grieß
2 Eier

1 Eßlöffel Zucker
1 Ei
Semmelbrösel
Backfett

Die Milch bringt man zusammen mit einer Prise Salz und einem Klumpen Butter zum Kochen, läßt den Grieß einrieseln, alles einige Male aufkochen und am Herdrand ausquellen. Danach rührt man die verschlagenen Eier und etwas Zucker darunter.

Dann streicht man den dicklichen Brei ungefähr 1 cm hoch auf ein nasses Blech und läßt ihn völlig erkalten. Daraus kann man Rechtecke oder Rauten in beliebiger Größe schneiden, durch ein verquirltes Ei ziehen und in Semmelbröseln wenden. Die Schnitten werden in viel Fett – gut eignet sich Butterschmalz – langsam in der Pfanne auf beiden Seiten goldbraun gebacken.

Kartoffelnudeln

750 g Kartoffeln *Salz*
250 g Mehl *Salzwasser*
1 Ei *Butter zum Braten*

Die Kartoffeln sollten vom Vortag sein, jedenfalls nicht mehr heiß. Für die Mehlmenge ist es wichtig, ob speckige oder mehlige Erdäpfel verwendet werden. Die speckigen brauchen mehr Mehl. Grundsätzlich soll das Gewicht der gekochten Kartoffeln zum Mehl drei zu eins sein. Man reibt die Erdäpfel oder preßt sie durch, vermischt sie mit dem Mehl und einem Ei, salzt und knetet alles zu einem Teig. Dieser wird zu einer besenstieldicken Wurst ausgerollt, von der man sich etwa 2 – 3 cm lange Stücke abschneidet, die mit der Handfläche auf leicht bemehltem Brett zu kleinfingerähnlichen Würsteln gerollt werden. Drum heißen sie mancherorts auch »Fingernudeln«. Jedoch sollen sie an beiden Enden halbwegs spitzig aussehen.
Sie werden in leichtem Salzwasser gekocht, bis sie hochsteigen, und dann rundum in Butter gebräunt. Man kann sie auch mit Butter-Semmelbröseln oder einem Gemisch aus Zucker und Mohn abschmälzen.

Kartoffelbaunzen

750 g Kartoffeln *Salz*
250 g Mehl *Backfett*
1 Ei

Für den Grundteig gilt dieselbe Zubereitung wie bei Kartoffelnudeln (vorhergehendes Rezept). Allerdings werden die geformten Kartoffelnudeln nicht in Salzwasser gekocht, sondern kommen gleich in die Pfanne oder Reine und werden in Butterschmalz, vermischt mit Pflanzenfett, ringsum rösch und braun gebraten. Die Kartoffelbaunzen schmecken sonderbarerweise zu Sauerkraut ebensogut wie zu Apfelkompott. Man trinkt auch gern Milch dazu.

Kartoffelblatteln

500 g Kartoffeln *1 Ei*
175 g Mehl *30 g Butter*
¼ Teelöffel Salz *Backfett*

Die frisch gekochten Kartoffeln werden, wenn sie handwarm sind, geschält und durch die Presse gedrückt. Man verteilt die Masse auf dem Nudelbrett, siebt das gesalzene Mehl darüber und verarbeitet dies zusammen mit dem Ei und zerlaufener Butter zu einem mittelfesten Teig. Er wird auf bemehltem Brett zu einem ca. ½ cm dünnen Fleck ausgewalkt. Daraus sticht oder schneidet man handtellergroße Rechtecke oder Scheiben, die schwimmend in Backfett goldbraun herausgebacken werden.
Aus demselben Teig kann man auch *Kartoffelnocken* zubereiten. Man walkt ihn zu bratwürsteldicken Rollen aus, von denen man 3–4 cm lange Stücke herunterschneidet, die in Salzwasser gekocht werden. Sobald sie hochsteigen, nimmt man sie heraus, läßt sie abtropfen und serviert sie mit brauner Butter und Reibkäse.

Kartoffelkrapfen mit Spinat

Zum Teig: *2 Eßlöffel Buchweizenmehl*
3 Pfund Kartoffeln (1500 g) *(Plenten)*
1 Pfund Mehl *1 Eßlöffel Öl*
2 Eier *1 Zwiebel*
1 Eßlöffel Salz *Salz, Pfeffer*
Für die Füllung: *Backfett (gemischt aus Butter-*
1 Pfund Spinat *schmalz und Pflanzenfett)*
⅛ l Milch

Die Kartoffeln für den Teig sollen schon einen Tag vorher gekocht werden. Dann reibt man sie oder drückt sie durch die Presse und vermischt sie mit dem Mehl und zwei Eiern. Dieser Kartoffel-Mehlteig verträgt einen Eßlöffel Salz. Er wird gut durchgeknetet und dann eine Viertelstunde in Ruhe gelassen. Darauf teilt man ihn in zwei bis drei Kugeln, die man zu etwa armdicken Würsten (Gurgeln) rollt. Davon werden etwa 2 cm lange Stücke abgeschnitten, die man auf dem gut bemehlten Nudelbrett zu »Plattlen treibt«, das heißt: mit dem Nudelholz auswellt und dann mit den Handballen in Zungenform drückt. In die Mitte der messerrückendicken, länglichen Teigflecke kommt die Fülle, die man von einem Ende der Unterlage strichförmig zum anderen zieht. Das geht recht gut mit einem breiten Messer. Nun werden die Teigflecke längsseits über die Füllung geschlagen und »angepitscht« (angedrückt). Die Krapfen werden im heißen Schmalz auf jeder Seite eine halbe Minute schön braun gebacken.

Wie der Name schon sagt, besteht die Füllung in der Hauptsache aus gebrühtem Spinat, der mit einem Brei aus Milch und Buchweizenmehl vermischt wurde. Auch eine in Öl abgeröstete gehackte Zwiebel ist dabei und als Gewürze Salz und Pfeffer. Heiß schmecken die Spinatkrapfen besonders gut. Man ißt sie aber auch kalt zu Kaffee, Milch oder zum Wein.

Alm-Rahmkoch

500 g Butter
2 Eier
¼ Teelöffel Salz
450 g Mehl

300 g Zucker
¼ Teelöffel Zimt
50 g Sultaninen

Auf Jakobi und Anna (25./26. Juli) haben die Bauersleut ihre Sennerinnen auf der Alm besucht und beim Vieh nachgeschaut. Da hat's dann dieses süße »Koch« gegeben: Zuerst läßt man ein Pfund Butter im Tiegel zerlaufen. Dann schlägt man in einer Schüssel zwei Eier auf, salzt und gibt nach und nach das Mehl hinein. Der Teig wird gebröselt wie zu einem Erdäpfelschmarrn. Diese Masse rührt man nun in die zerlaufene Butter und läßt das Ganze eine Viertelstunde leicht kochen. Dabei paßt man auf, daß nichts anbrennt. Dann werden Zucker, Zimt und die Weinbeerl dazugemischt. Wenn alles gut verteilt ist, kommt das Koch in eine Schüssel, worin es schon nach ein paar Stunden stockt. Man verträgt davon nur kleine Portionen, die mit dem Messer herausgeschnitten werden. Diesen »Gebirgsmarzipan« hat's nur zweimal im Jahr gegeben: wie schon erwähnt Ende Juli und zum Almabtrieb. Ein fast vergessenes Rezept!

Muas

¼ l Wasser	1 Teelöffel Salz
¾ l Milch	125 g zerlassene Butter
1 Tasse Mehl (vermischt mit etwas Wasser)	eventuell Zimtzucker oder Früchte

Es gelingt am besten in einer eisernen Pfanne und auf einem Herd mit ausgehängten Ringen, so daß der Pfannenboden über dem offenen Feuer ist. Zuerst erhitzt man das Wasser, damit die hinzukommende Milch nicht anbrennen kann. Unter ständigem Rühren mit dem Schneebesen gießt man dann Mehlwasser (1 Tasse Mehl, 2 Tassen Wasser) dazu, salzt, läßt weiterkochen und wechselt nach etwa 20 Minuten den Schneebesen gegen den Kochlöffel aus, weil ab jetzt das Mus immer dicklicher wird. Es muß sehr vorsichtig gerührt werden, damit sich der begehrte Bodenbelag, Scharren oder Schoor genannt, bilden kann, der sich jedoch nicht anlegen darf. Nach weiteren zehn Minuten ist das Mus fertig. Man verteilt zerlassene Butter darüber, nach Belieben aber auch Zimtzucker oder Früchte. Gegessen wird aus der Pfanne, und Experten wissen schon, wie man am besten zu viel Butter und zu den begehrten »Ramerln« kommt. Das ist reine Löffeltechnik.

Nach Hans Fink, dem Brixener Gastwirt und Heimatforscher, soll es im 17. Jahrhundert in Tirol 52 Musarten gegeben haben. Die Vorliebe dafür erklärt sich wohl aus dem Reichtum an Milch. Auch glaubte man, im Mus läge die ganze Kraft der Erde, weil doch Milch und Getreide allen Saft aus dem Boden saugen. Dieses Rezept stammt von der Senior-Chefin des »Löwenhof« in Vahrn, Frau Barbara Niederstätter. Vahrn liegt an der alten Brennerstraße zwischen Franzensfeste und Brixen.

Strudel

Obststrudel

Für den Grundteig:	1 Ei
250 g Mehl	Prise Salz
2 Eßlöffel Öl	etwa ⅛ l Wasser

Man siebt das Mehl aufs Nudelbrett, drückt in die Mitte eine Mulde, gibt Öl, Ei, Salz und so viel lauwarmes Wasser dazu, wie das Mehl verträgt, so daß man aus allen Zutaten einen glatten, weichen Teig rühren kann. Er wird so lange geknetet, bis er nicht mehr an den Händen oder auf dem Holz kleben bleibt. Dann formt man zwei Laibe daraus, bepinselt sie mit Öl und läßt sie unter einer erwärmten Schüssel eine halbe Stunde rasten. In der Zwischenzeit kann man die Fülle herstellen.

Und nun erfolgt die »Ziehung« der ersten Teigkugel. Zunächst wird sie auf einem leicht bemehlten Leinentuch so dünn wie möglich ausgerollt. Dann greift man mit beiden Händen unter den Teig und dehnt und zieht ihn von der Mitte aus über die Handrücken nach allen Seiten. Die dickeren Teigränder werden mit den Fingern zurechtgezupft oder abgeschnitten. Man kann damit eventuell entstandene Löcher flicken. Das fertig auf dem Tisch liegende Rechteck sollte etwas mehr als die Länge der vorgesehenen Backform (Blech, Reine) aufweisen. Der Teigfleck wird sogleich mit Fett bepinselt und mit der im jeweiligen Rezept vorgesehenen Fülle belegt. Davon bleiben jedoch der linke und der rechte Rand zwei Fingerbreit und die vordere Längsseite eine Handbreit frei. Mit Hilfe des Tuches rollt man das Teigblatt von sich weg, drückt die Ränder an und läßt den Strudel in die gefettete Form gleiten. Mit dem zweiten Laib verfährt man ebenso. Zwischen den beiden Strudeln läßt man einen kleinen seitlichen Abstand. Nach diesem Grundrezept kann man Strudel mit verschiedenen Füllungen herstellen, zum Beispiel:

Apfelstrudel

Die ausgebreiteten Teigblätter werden mit Öl bepinselt und anschließend mit in 50 Gramm Butter angerösteten 50 Gramm Semmelbröseln bestreut. Darauf kommt die Fülle. Sie besteht aus:

1500 g Äpfelschnitze (säuerlich)   *75 g Zucker*
100 g Sultaninen (gebrüht   *½ Teelöffel Zimt*
und wieder getrocknet)   *Schale einer halben Zitrone*
75 g Pignolien (Pinienkerne)   *1 Stamperl Rum*
50 g gehackten Mandeln

Die gefüllten Strudel werden mit Butter bepinselt und in Butter (50 g) im Rohr eine halbe Stunde bei 220 Grad gebacken. Gleich nach dem Herausnehmen schneidet man sie in Stücke und besiebt diese mit Puderzucker.

Zwetschgenstrudel
Die Fülle besteht aus:

1000 g Zwetschgenschnitze   *50 g Rosinen*
75 g Zucker   *1 Stamperl Zwetschgenwasser*

Man kann die ausgerollten Teigblätter statt mit Butter und Bröseln auch mit ¼ l saurem Rahm bestreichen. Wenn die Früchte sehr saftig sind, wie z. B. Frühzwetschgen, sollte man den Strudel in der Reine backen. Das gilt auch für den *Kirschenstrudel,* den *Rhabarberstrudel* und für den *Traubenstrudel.* Auch ihnen kann man etwas Zucker und einen entsprechenden »Geist« (Kirschwasser, Obstler) mit auf den Weg geben. Das beste Backfett für Strudel ist Butter. Mit ihr sollte man auch den Teig vor dem Backen bepinseln.
Der *Heidelbeerstrudel* wird nur im mittleren Drittel mit der Fülle belegt, die mit Butter bepinselten freien Teigflecke werden über die Früchte geklappt. Mit diesem »doppelten Boden« wird der Strudel in die Reine gelegt.

Mürber Germstrudel

250 g Mehl   *Fülle:*
125 g Butter   *1 Eidotter*
Salz   *50 g Mandeln*
4 Eßlöffel Milch   *50 g Sultaninen*
25 g Zucker   *50 g Zucker*
20 g Germ (Hefe)   *10 g Zitronat*
2 Eidotter   *3 Eiweiß als Schnee*
Schale von ½ Zitrone   *Butter*
   Schokoladenglasur

Man verreibt mit den Händen Mehl und Butter mitsamt dem Salz zu einer bröckeligen Masse. Dann gießt man die in einer Tasse mit Milch und Zucker aufgelöste Hefe dazu, rührt die Eidotter mit der abgeriebenen Zitronenschale ein und verarbeitet alles zu einem Teig, der in der Schüssel zugedeckt an einem warmen Ort eine halbe Stunde gehen soll.

Für die Fülle mischt man einen Eidotter mit geriebenen Mandeln, Sultaninen, Zucker, gewiegtem Zitronat und den zu Schnee geschlagenen 3 Eiweiß (zwei sind vom Teig übriggeblieben). Diese Masse streicht man auf den ausgerollten, mit Butter bepinselten Hefeteig, rollt ihn zusammen und läßt ihn noch einmal eine halbe Stunde gehen.

Der Strudel wird eine halbe Stunde bei 210 Grad im Rohr gebacken und hernach mit einer Schokoladenglasur überzogen.

Nußkipferl

Aus dem mürben Germteig lassen sich auch Nußkipferl herstellen. Man schneidet aus dem messerrückendick ausgewalkten Teigfleck Dreiecke, die etwa 12 cm schmal und 15 cm hoch sind. Dann setzt man ins Zentrum des Dreiecks gut einen Kaffeelöffel voll Füllung und formt Hörnchen. Man setzt die Kipferl so aufs gebutterte Backblech, daß die Zipferl nach unten kommen und beim Backen nicht aufgehen.

Zur Fülle braucht man 125 g geriebene Haselnüsse, die man mit 125 g Zucker, einem halben Päckchen Vanillinzucker und der geriebenen Schale einer halben Zitrone in knapp $1/8$ l Milch etwa zehn Minuten kocht. Nach dem Erkalten gibt man einen Eßlöffel beliebige Marmelade und ein Stamperl Rum dazu.

Die mit Eigelb bestrichenen Kipferl werden bei 220 Grad zwölf Minuten gebacken.

Eine gute Mohnfülle für *Mohnkipferl* kocht man aus 125 g geriebenem Mohn und 65 g Zucker in einer halben Tasse Milch. Schleckermäuler geben noch einen Löffel Honig, ein Stamperl Rum und ein paar Weinbeerl hinein.

Nußstrudel

250 g Mehl
30 g Zucker
Salz
20 g Hefe (Germ)
Schale von ½ Zitrone
2 Eidotter
50 g Butter

⅛ l Milch
Zur Fülle:
125 g Honig
200 g Nüsse
½ Teelöffel Zimt
1 Messerspitze Nelken
2 Eßlöffel Sauerrahm

In einer Schüssel vermischt man das Mehl, den Zucker, eine gute Prise Salz, die zerbröckelte Germ und die geriebene Schale einer halben Zitrone. Dann verquirlt man in einer großen Tasse die Eidotter und das Stück Butter in lauwarmer Milch. Darauf wird diese Eiermilch mit den Zutaten in der Schüssel (oder auf dem Brett) verrührt und zu einem festen Teig geschlagen. Man läßt ihn zugedeckt in der Schüssel an einem warmen Platz gehen, bis er seinen Umfang verdoppelt hat. Er wird dann auf bemehltem Brett geknetet und schließlich ausgerollt. Man verteilt auf ihm gleichmäßig die Fülle, rollt den Fleck zusammen und läßt ihn noch einmal gehen. Nach 20 Minuten wird er aufs gefettete Blech oder in die Reine gesetzt und dann eine halbe Stunde bei 210 Grad gebacken.

Die Fülle wird folgendermaßen hergestellt: Man rührt unter den erhitzten Honig geriebene, gebähte Nüsse (in der Pfanne ohne Fett leicht geröstet) und dann, in lauwarmem Zustand, die Gewürze und etwas sauren Rahm. Wer will, kann auch einige Sultaninen dazutun.

Es gibt noch eine zweite Fülle: Man kocht 125 g Zucker in ⅛ l Wasser (oder Milch) auf, gibt 200 g geriebene, geröstete Nüsse (in der Pfanne ohne Fett zubereitet), Zimt, Vanillinzucker, etwas Zitronenschale und eine Handvoll Sultaninen hinzu und verrührt alles zu einer streichfähigen Masse.

Auf den gleichen Teig paßt auch eine Mohn-Füllung. Das gibt dann einen

Mohnstrudel

⅛ l Milch und ein Eßlöffel Butter werden erhitzt, 125 g gemahlener Mohn und 80 g Zucker dazugegeben und alles dicklich eingekocht. Dann rührt man noch die Schale einer halben Zitrone und 50 g Sultaninen dazu und gibt ein Stamperl Rum hinein. Das Teigblatt bestreicht man vor dem Belegen mit Eiweiß.

Graipm-Strudel

500 g Mehl	2 Eßlöffel Butter
⅛ l Wasser	20 Eßlöffel Graipm (Grieben)
3 Eier	Backfett
1 Teelöffel Salz	¾ l Milch

In einer Schüssel wird der Teig aus Mehl, Wasser, Eiern, Salz und zerlassener Butter zusammengerührt. Dann arbeitet man auf dem bemehlten Nudelbrett weiter. Es wird ein Laib geknetet, der zugedeckt eine halbe Stunde ruhen muß. Dann wird er noch einmal durchgearbeitet und zu einer Rolle (Durchmesser 6 cm) geformt. Von ihr schneidet man zehn Stücke ab und rollt sie zu Blättern aus, die etwa messerrückendick und eßtellergroß werden. Auf diese Teigflecke verteilt man nun jeweils zwei Eßlöffel voll Graipm. Das sind die Überreste vom ausgelassenen Schweinespeck, die man sich am besten beim Metzger besorgt (siehe Graipm-Knödel, Seite 87). Die Grieben werden eingerollt. Man setzt die Strudel nebeneinander in eine Reine zu wenig zerlassenem Fett. Dann gießt man lauwarme Milch über sie und läßt sie im Rohr 20 Minuten bei 200 Grad backen.

Topfenstrudel

Im Teig unterscheidet er sich nicht von seinen fruchtigen Kollegen. Aber die Fülle ist besonders fein und locker:

100 g Butter	Salz
125 g Zucker	1 Päckchen Vanillinzucker
2 Eidotter	Schale von ½ Zitrone (abgerieben)
500 g Topfen (Quark)	2 Eiweiß als Schnee
⅛ l Rahm	¼ l Milch
100 g Sultaninen	

Butter, Zucker und die Eidotter werden schaumig gerührt, dann mengt man die übrigen Zutaten dazu, denen auch ein Gläschen Rum sicher nicht schadet. Zuletzt wird der Eischnee untergehoben. Beim Topfenstrudel ist die Backzeit etwas länger als bei den

Obststrudeln. Er wird auch lockerer gewickelt, damit die Fülle gut aufgehen kann. Wenn er eine halbe Stunde bei 220 Grad im Rohr ist, wird er mit ¼ l heißer Milch übergossen und dann in einer Viertelstunde fertiggebacken. Den Strudel sollte man erst nach 20 Minuten anschneiden. Bis dahin hat die Fülle so gut angezogen, daß sie nicht mehr davonrinnt.

Topfenpalatschinken

Teig:
200 g Mehl
⅛ l Milch
3 Eier
Prise Salz
Backfett
Füllung:
40 g Butter
60 g Zucker
2 Eidotter
250 g Topfen

⅛ l Schlagrahm
2 Eßlöffel Sultaninen
oder Rosinen
Schale von ½ Zitrone
½ Teelöffel Vanillinzucker
2 Eiweiß als Schnee
Überguß:
¼ Milch
1 Ei
2 Eßlöffel Zucker
1 Stamperl Cognac oder Rum

Man bäckt aus den zusammengerührten Teigzutaten in der Pfanne in wenig Fett sechs Palatschinken und stellt sie warm.
Für die Füllung rührt man zunächst die Butter mit dem Zucker schaumig und quirlt noch die Eidotter dazu. Dann kommen der ausgedrückte Topfen, geschlagener Rahm, die Weinbeerl und die Gewürze in die Masse. Zum Schluß hebt man den Eischnee vorsichtig darunter. Damit füllt man nun die warm gehaltenen Palatschinken und legt sie nebeneinander in eine ausgebutterte feuerfeste Auflaufform. Sie werden mit dem Verquirlten aus Milch, Ei und Zucker begossen und im Rohr überbacken. Vor dem Servieren kippt man noch ein Stamperl Cognac oder Rum darüber.

Ein paar Aufläufe

Scheiterhaufen

6 trockene Semmeln
⅜ l Milch
2 Eier
40 g Butter
60 g Zucker
1 Stamperl Rum
1 Pfund Äpfel

40 g Sultaninen
40 g Haselnüsse
30 g Zucker
Schale von ¼ Zitrone
¼ Teelöffel Zimt
30 g Butter für die Form
30 g Butter als Flocken

Die Semmeln werden blättrig geschnitten und kommen in eine Schüssel. In einem Tiegel verquirlt man lauwarme Milch mit zwei Eiern, weicher Butter, Zucker und einem Stamperl Rum. Diese Eiermilch gibt man zu drei Viertel über das Semmelbrot und läßt sie eine halbe Stunde einziehen. Dann erst verrührt man alles zu einem Semmelteig.

In einer zweiten Schüssel vermengt man die »Trockenmasse«. Sie besteht aus Äpfelschnitzen, Sultaninen, gehobelten Haselnüssen (oder Mandeln), Zucker, Zitronenschale und einer Spur Zimt. Damit das Ganze einem Scheiterhaufen gleichsieht, muß man seine Einzelteile stapeln. Dann wird eine feuerfeste Auflaufform mit Butter ausgestrichen. Die unterste Lage bildet ein Teil der Semmelmasse, die zweite Lage wird aus der Apfelmasse genommen und so fährt man fort, bis alles verbraucht ist. Die oberste Schicht besteht aus Semmelteig. Über sie gießt man die noch übrige Eiermilch und gibt Butterflocken darauf. Damit der Scheiterhaufen nicht verbrennen kann, wird der Ofen nur auf 200 Grad eingestellt. Im Rohr muß es der Scheiterhaufen eine Dreiviertelstunde aushalten.

Süße Ofenleber

250 g Mehl
30 g Germ (Hefe)
½ l Milch
75 g Butter
2 Eier
100 g Zucker

8 Semmeln
300 g Äpfel
1 Eßlöffel Sultaninen
1 Eßlöffel Rosinen
¼ Teelöffel Zimt
¼ Teelöffel Nelken

In einer Schüssel setzt man das Dampfl (Vorteig) an, indem man in das gesiebte Mehl eine kleine Vertiefung macht, die Hefe hineinbröckelt, ein wenig lauwarme Milch dazugießt, eine Prise Zucker und etwas Mehl darüberstreut. Inzwischen verquirlt man die lauwarme Milch mit der zerlassenen Butter, den Eiern sowie dem Zucker und vermengt diese süße Eiermilch mit dem gegangenen Vorteig und dem leicht gesalzenen Mehl. Dann arbeitet man die in kleine Würfel geschnittenen Semmeln, die Äpfelschnitze, die Weinbeerl und die Gewürze unter den Teig, der in eine ausgebutterte Form gegeben wird und darin noch einmal gehen muß. Erst dann kommt er bei 200 Grad ins Rohr und wird 40 Minuten gebacken.

Schinkenfleckerl

200 g Mehl
1 Ei
Salz
2 Eßlöffel Wasser
30 g Butter
125 g Butter
4 Eidotter
Salz
¼ l saurer Rahm
300 g Schinken
4 Eiweiß als Schnee

Man bereitet einen Hausnudelteig, indem man Mehl, Ei, Salz, Wasser und 30 g Butter zusammenmischt, verknetet und zu dünnen Blättern ausrollt. Daraus schneidet man Fleckerl in beliebiger Größe und Form (üblich sind Vierecke), kocht sie zehn Minuten in Salzwasser, braust sie nach dem Herausnehmen kalt ab und setzt sie einstweilen auf die Warteliste.
Inzwischen rührt man ein Viertelpfund Butter schaumig, mengt die Eidotter, das Salz, den sauren Rahm und den feingewürfelten geräucherten Schinken (oder sonstiges Selchfleisch) darunter und zum Schluß die Fleckerl und den Eischnee. Diese Masse kommt in eine gefettete und gebröselte Auflaufform. Sie wird im Rohr bei 200 Grad eine Dreiviertelstunde gebacken, bis sie schön goldbraun ist.

Schmalzgebackenes

Weinbaunzen

½ l Milch
Salz
20 g Zucker
200 g Grieß
1 Teelöffel Butter
Panade:
2 Eier
Semmelbrösel

Butter zum Braten
Überguß:
⅜ l Rotwein
80 g Zucker
Schale von ½ Zitrone
3 Nelken
½ Zimtrinde

Aus den obigen Zutaten kocht man ein dickes Grießmus zusammen, dem man zum Schluß noch einige Butterflocken beifügt. Die Masse muß so fest werden, daß man daraus auf einer nassen Unterlage eine Rolle formen kann, von der man so große Stücke abschneidet, daß sie »unter der Hand« die Gestalt eines kleinen Fingers annehmen. Kurzum: Man wuzzelt sie dementsprechend. Dann werden die »Fingernudeln« durch verschlagenes Ei gezogen, in Bröseln gewälzt und so in der Pfanne in reichlich Butter goldgelb gebacken. Das ist aber noch nicht alles. Vor dem Servieren werden sie mit Glühwein übergossen, den die Baunzen gierig einziehen. Er wird aus ⅜ Liter Rotem, Zucker, Zitronenschale, Gewürznelken und Zimtrinde gekocht und abgeseiht.

Moosbeernocken

250 g Mehl
Salz
3 Eier

¼ l Milch
300 g Moosbeeren (Heidelbeeren)
Backfett

Das gesalzene Mehl wird mit den Eiern und der lauwarmen Milch zu einem Teig gerührt, in den man die Moosbeeren (Heidelbeeren, Schwarzbeeren, Blaubeeren, Daubeeren) vorsichtig unterhebt, damit sie nicht zerquetscht werden. Man sticht daraus mit dem Löffel Nocken, die in der Pfanne in heißer Butter oder Margarine auf beiden Seiten hellbraun gebacken werden. Dabei laufen sie etwas auseinander, darum darf man sie nicht zu dicht zusammensetzen.

Hirntirtln

400 g Schweinshirn (ca. 2 Stück) *1 Ei*
Salzwasser *Salz, Pfeffer*
2 Eßlöffel Essig *Zucker*
1 l Wasser *2 Eßlöffel Semmelbrösel*
50 g Butter *Backfett*

Das Schweinshirn wird in ganz leicht gesalzenem Wasser geschwenkt, bis sich alles Blut gelöst hat. Dann legt man das Hirn in heißes Essigwasser und läßt es darin sieben Minuten ziehen. Danach ritzt man mit der Messerspitze die Hauthülle ein, zieht sie ab und entfernt dabei alle Blutgerinsel und Äderchen. Nun wird das Hirn kleingewiegt.
In einer Schüssel rührt man Butter schaumig, schlägt das Ei dazu, würzt mit Salz, Pfeffer und einer Prise Zucker. Diese Masse wird noch mit Semmelbröseln fester gemacht. Dann gibt man sie in ein ausgefettetes Pfanndl und bäckt sie einige Minuten zugedeckt auf der Herdplatte oder offen im heißen Rohr.

Apfelkiacherl

250 g Mehl *2 Eiweiß als Schnee*
Salz, 1 Ei *6 Äpfel*
2 Eidotter *4 Eßlöffel Zucker*
2 Eßlöffel Öl *1 Doppelstamperl Cognac*
⅛ l Weißwein *Pflanzenfett oder Öl*

Man siebt das Mehl in eine Schüssel, bestreut es mit Salz, verrührt von der Mitte aus dann das Ei, die Dotter, das Öl und den Wein mit dem Mehl zu einem glatten Pfannkuchenteig (Backteig, Weinteig), der an einem warmen Ort mindestens eine Stunde quellen soll. Dann erst hebt man den Eischnee darunter. Inzwischen richtet man die Äpfel her. Sie werden geschält, vom Kernhaus befreit und in fingerdicke Scheiben geschnitten. Man überzuckert sie, beträufelt sie mit Cognac, schichtet sie auf einen Teller – einen zweiten obenauf – und läßt sie eine Viertelstunde einziehen. Dann wird jede einzelne Scheibe durch den Teig gezogen und in heißem Fett schwimmend braungebacken. Man serviert die »Apfelradel« mit Zimtzucker.

Hollerkiachl

12 Hollerblüten
225 g Mehl
Salz
3 Eier

¼ l dunkles Bier
Backfett
Puderzucker

Beim Holler (Holunder) kann man auch die Blüten essen, allerdings in einer Schmalz-Verpackung. Die Stengel werden eine Handbreit hinter der Blüte abgeschnitten, sauber gewaschen und ausgeschüttelt, weil Hollerstauden in manchen Jahren ziemlich verlaust sein können.

Für die Hollerkiachln bereitet man einen ziemlich festen Frittatenteig aus Mehl, Salz und Eiern. Statt Milch oder Wasser nimmt man in diesem Fall dunkles Bier. In diesen Teig taucht man die Hollerblüten, indem man sie am Stiel anfaßt und in heißem Fett schwimmend herausbäckt. Dann wendet man sie in Puderzucker. Noch heiß serviert, schmecken sie am besten. – Wer will, kann die gleiche Methode im Herbst anwenden, wenn die Beeren schön tiefschwarz sind. Da hat man dann gleich eine Fruchtfüllung dabei!

Hufeisen

Feigen
Kletzen (Dörrbirnen)
Dörrzwetschgen
getrocknete Äpfelspeitel
(Schnitze)
Kastanien, Nüsse

Tunkteig:
250 g Mehl
Salz
2 Eier
⅛–¼ l Milch
Backfett

In der Gegend um Kastelruth war es Brauch, den Brautleuten als Nachspeise zum Hochzeitsmahl ein Hufeisen als Glücksbringer aufzutischen. Möge diese alte Sitte wieder fröhliche Urständ feiern, zumal es sich um ein typisches Südtiroler Gericht handelt. Die Zutaten bestehen aus aufgeweichtem Dörrobst, Kastanien, Nüssen und einem Tunkteig. Das ist ein Pfannkuchenteig, den man aber in diesem Fall etwas strenger hält als üblich. Das erreicht man mit weniger Milch.

Das Hufeisen hat ein »Gestell« in Form eines hufeisenförmigen Drahtes, an dem man die Früchte, Nüsse und gebratenen Kastanien wie bei einer Perlenkette aneinanderreiht. Zum Eintauchen in den Teig läßt man die Drahtenden etwas vorstehen, damit man sie gut anfassen kann. Dann bäckt man das belegte Hufeisen in viel heißem Fett schön goldgelb, läßt es erkalten und zieht den Draht heraus. Dazu serviert man »Maibutter«, das ist noch nicht ganz steif geschlagener Rahm.

Brandteigstrauben

¼ l Milch
60 g Butter
1 Prise Salz
150 g Mehl

4 Eier
1 Stamperl Himbeergeist
Backfett

Wenn man Milch und Butter zum Kochen bringt, so gibt das beileibe keine Buttermilch, sondern bildet, mit einer Prise Salz, die Grundsubstanz für einen Brandteig. In diese heiße Flüssigkeit schüttet man auf einmal das ganze im Rezept angegebene Mehl und rührt bei mäßiger Hitze so lange, bis sich ein Teigknödel bildet, der sich wie von selbst vom Tiegelrand löst. Man läßt ihn am Herdrand ein wenig abkühlen, verquirlt inzwischen die Eier, die man nach und nach unter dem heißen Knödel verschwinden läßt. Zum Schluß läßt man den Schnaps in den Teig tropfen. Der Alkohol hat die Aufgabe, daß sich die Strauben später im Schmalzbad wohlfühlen und nicht zu tief ins Fett einsinken. Wenn man den Kochlöffel hebt und der Teig wie schmelzende Eiszapfen herabrinnt, ist er gerade reif für den Spritzbeutel. Man drückt ihn durch eine gezackte Tülle ins sehr heiße Schmalz. Ob bei dem Gebäck nun Dreiecke, Kreise oder Kunstwerke herauskommen, bleibt jedem Koch-Geometer selbst überlassen. Die Hauptsache ist, sie werden schön goldgelb gebacken und gleich gegessen. Denn ein Brandteiggebäck schmeckt nur an seinem Geburtstag.

Bauernstrauben

500 g Mehl
Salz
½ l Milch
¼ l Rahm

2 Eidotter
1 Stamperl Obstler
2 Eischnee
Backfett

Mehl und Salz sind bereits in der Schüssel vermischt. Dann rührt man langsam nacheinander lauwarme Milch und Rahm dazu, zwei Eidotter und ein Stamperl Obstler. Zum Schluß wird das zu Schnee geschlagene Eiweiß untergehoben. Es soll ein Teig entstehen, der nicht allzu schnell durchs Trichterrohr rinnt. Für die Köchin muß so viel Zeit bleiben, daß sie damit, oder mit einem Schnabelhaferl, bizarre Teiggebilde ins heiße Schmalz schreiben kann, wie etwa »1111« und »888«. Das gibt ein schönes Durcheinander. Man hebt die braungebackenen Strauben vorsichtig mit dem Schaumlöffel heraus, weil sie recht zerbrechlich sind. Man kann immer nur ein Exemplar davon herstellen, die Größe spielt keine Rolle. Bleibt noch aufzuklären, was der Schnaps im Teig soll: Er verhindert, daß der Teig beim Backen zu viel Fett aufnimmt. So werden die Strauben nicht schwer.

Bei den Dolomiten-Ladinern gibt es dieses Gebäck, wenn der Bräutigam zum erstenmal das Braut-Haus betritt und um die Hand der Tochter anhält. So hat es mir die Bäuerin Emma Feichter erzählt. Sie ließ den Teig noch mit dem sogenannten »Straubenläuerle« ins Fett laufen, einem Trichter mit Holzgriff, damit sie nicht unmittelbar über dem heißen Schmalz arbeiten mußte. Überhaupt war es recht romantisch bei ihr in Enneberg. In der pechschwarzen Küche hörte man die Holzscheitl im Herd knistern, und die Schmalztemperatur hat sie durch die Zahl der Eisenringe auf der Ofenplatte reguliert.

Pustertaler Türteln mit Füllungen

250 g Weizenmehl	Mehl zum Bestäuben
250 g Roggenmehl	Backfett
3 Eßlöffel Öl	Füllung:
½ Teelöffel Salz	200 g Spinat
½ Tasse Milch	100 g Topfen

Dieses Schmalzgebäck ist nicht im ganzen Land Südtirol bekannt. Das Hauptverbreitungsgebiet ist im Pustertal zu suchen, dann in der Gegend um Brixen, Klausen und Gröden. Auch die Ladiner im Gadertal kennen die »Türtla«. Sie sind dort daheim, wo auch das Getreide zu Hause ist.

Zuerst wird in einer Schüssel der Teig zusammengerührt und

dann auf dem Brett gut geknetet. Das Öl macht ihn geschmeidig. Man rollt ihn zu einer Teigsalami aus (armdick) und schneidet davon etwa 4 cm lange Stücke herunter. Diese werden zu runden Fleck' ausgewalkt, und die Hälfte davon wird jeweils mit einer Fülle belegt. In unserem Fall sind das 2-3 Eßlöffel eines Spinat-Topfen-Gemischs. Über die Fülle breitet man dann einen Deck-Fleck, drückt die Ränder an und radelt überstehenden Teig weg. Die Türteln sollen so groß sein wie Unterteller, etwa 15 cm im Durchmesser. Sie werden in Fett schwimmend auf beiden Seiten goldbraun gebacken.

Es gibt verschiedene Füllungen. Zum Beispiel eine bloß aus Sauerkraut, eine andere aus Spinat und Mangold (Piesl) oder eine aus gekochten Kartoffeln und Spinat. Der Fremdenverkehr hat's möglich gemacht, daß jetzt wieder da und dort ein Taferl im Wirtshausfenster drauf hinweist: Heute Türteln!

Polsterzipfel

125 g Butter
80 g Zucker
2 Eier
3 Eßlöffel Milch
Salz
Schale von ½ Zitrone
400 g Mehl
Marmelade für die Füllung
Eiweiß zum Bestreichen
Backfett

Butter und Zucker werden schaumig gequirlt, dann rührt man die Eier, die Milch, das Salz und die Zitronenschale dazu und mengt alles mit dem Mehl zu einem weichen Teig, den man gut verknetet. Nach einer halbstündigen Ruhepause wird er messerrückendick ausgewalkt.

Aus dem Teigfleck schneidet oder radelt man nun Vierecke von einer Größe aus, auf denen bequem ein Teelöffel beliebiger Marmelade Platz hat, ohne sie drücken zu müssen, wenn man die Quadrate von einem Zipfel zum gegenüberliegenden zu einem Dreieck zusammenklappt. Damit die Teigränder besser zusammenhalten, bestreicht man sie mit Eiweiß. Die Polsterzipfel werden in Fett schwimmend goldgelb gebacken.

Mohnkrapfen

750 g Mehl	Fett zum Backen
150 g Butter	Füllung:
knapp ¼ l Rahm	150 g Mohn
1 Ei	150 g Zucker
Salz	½ Tasse Milch
1 Stamperl Rum	2 Eßlöffel Honig

Der Teig wird aus den obengenannten Zutaten, die Zimmertemperatur haben sollten, zuerst in der Schüssel gerührt und dann auf dem Brett gut geknetet. Dann läßt man ihn an einem warmen Platz eine Stunde in Ruhe. Danach wird er so dick wie ein lederner Bucheinband ausgerollt, wahrscheinlich in zwei Etappen, weil die Arbeitsfläche meist nicht so groß ist, um ihn auf einmal zu bezwingen. Der Teigfleck wird nun in Streifen von 10 cm Breite und 20 cm Länge ausgeradelt. Bei jedem Streifen wird auf die erste Hälfte ein Klacks Füllung (ungefähr ein gestrichener Eßlöffel) gesetzt, die zweite Teighälfte darübergeklappt und mit der Unterseite angedrückt. So erhält man Quadrate von 10 cm. Sie kommen in heißes Fett und werden darin schwimmend braun gebacken.

Die Fülle bereitet man folgendermaßen zu: Um das Aroma des Mohns zu heben, erhitzt man ihn in einer Eisenpfanne und läßt ihn erkalten. Dann erst wird er durch die Mühle gedreht. Das Mohnmehl wird danach mit Zucker und Milch dick gekocht. Den Honig rührt man zum Schluß am Herdrand ein.

Moare Krapfen

250 g Roggenmehl	⅛ l Milch
250 g Weizenmehl	2 Eßlöffel Öl
2 Eidotter	Salz
2 Eier	Zwetschgenmarmelade
3 Eßlöffel Rahm	zum Füllen
1 Doppelstamperl Rum	Öl zum Backen
50 g Butter	

Hier ist für manche eine kleine Übersetzung vonnöten: »Moar« oder »mor« bedeutet soviel wie »mürb«. Und wenn man sich die Zutaten so der Reihe nach anschaut, dann merkt schon ein

Von vorn nach hinten: Kressenudeln (Rezept S. 91), Preßknödel (S. 85), Schlutzkrapfen (S. 96) ▷

Kochlehrling im ersten Jahr, daß da nichts Kracherts herauskommen kann, sondern ein Mageneinschmeichler.
Die Ausführung ist schnell erzählt, die Praxis dauert länger. Alle Zutaten werden nach und nach in der Schüssel mit dem Kochlöffel zu einem Teig gerührt, der dann auf bemehltem Brett gut geknetet wird. Man läßt ihm eine Stunde Ruhe und sticht dann mit dem Eßlöffel Stücke heraus, die man zunächst zu Kugeln formt, dann in ovale Blätter austreibt und mit einem Batzerl Zwetschgenmarmelade füllt. Die Teigränder werden dann »angepitscht«, also gut angedrückt, damit die Fülle keinen Ausgang kriegt. Die Krapfen werden in heißem Öl braun gebacken.

Kirchtagskrapfen mit Füllungen

250 g Roggenmehl	2 Eßlöffel Rahm
250 g Weizenmehl	1 Stamperl Rum
Salz	etwas Milch
100 g Butter	Fett zum Backen
1 Ei	

Diese Krapfen gibt es zur Kirchweih am dritten Sonntag im Oktober, zum Kirchenpatrozinium, aber auch zu sonstigen mehr oder minder festlichen Anlässen. Das Besondere an diesen Krapfen sind die Füllungen, die von Gegend zu Gegend ganz verschieden sein können. Die Herstellung des Teiges ist einfach: Man mischt die Zutaten zusammen und knetet sie zu einem nicht zu festen Teig, den man eine Stunde ruhen läßt. Dann teilt man ihn in einige Stücke und walkt diese zu Flecken aus in der Dicke eines Weinglasbodens. Diese schneidet man in ca. 10 cm breite Blätter. In einem Abstand von jeweils 5–6 cm (drei Fingerbreit) setzt man mit einem Löffel die Füllung darauf und bedeckt die belegten Teigstreifen mit den in der Größe entsprechenden leeren Blättern. Man drückt den Teig gut an, damit nichts von der Fülle entweichen kann. Dann werden die gefüllten Streifen auseinandergeschnitten und die Krapfen in Fett schwimmend goldbraun gebacken.
Als Füllungen sind sehr beliebt: Preiselbeer-, Kastanien- oder Zwetschgenmarmelade, vermischt mit geriebenen Äpfeln oder Birnen, und Mohn mit Zucker, Milch und Honig.

◁ *Kirschenstrudel, Rezept S. 105*

Ochsengurgeln

500 g Mehl
Prise Salz
250 g Butter
3 Eier
2 Eßlöffel saurer Rahm

1 Stamperl Rum
Fett zum Backen
Schlagrahm
Puderzucker

Vom gesalzenen Mehl macht man auf dem Nudelbrett einen Kranz, auf den man gleichmäßig die Butter in kleinen Stücken verteilt. In die Mitte werden die Eier geschlagen und mit dem sauren Rahm bedeckt. Auch ein Stamperl Rum kommt hinzu, damit später der Teig nicht zuviel Backfett aufnimmt, aber auch wegen des guten Geschmacks. Die Zutaten werden von außen her mit den Händen zusammengerührt und dann gut geknetet. Es soll ein fester Teig entstehen, der zwei Stunden in den Kühlschrank kommt. Danach walkt man ihn messerrückendick aus und schneidet Teigflecke (30 cm lang, 3 cm breit). Diese werden spiralenförmig um das Ochsengurgel-Eisen gewickelt. Das ist ein Rohr aus Eisenblech, das etwa 10 cm lang ist und nach vorne konisch verläuft (Durchmesser hinten 3 cm, vorne 2 cm). Das Eisen hat einen hölzernen Griff, an dem ein Bindfaden befestigt ist. Mit diesem schnürt man den aufgetragenen Teig in kurzen Abständen einige Male ein. Das bindet die Spiralfleck ans Eisen und ist zweitens eine Verzierung. So taucht man sie ins heiße Fett. Wenn sie Farbe genommen haben, löst man die »Verbindung« und läßt die Ochsengurgeln ganz ins Schmalz gleiten, wo sie schwimmend schön goldbraun gebacken werden. Nach dem Herausnehmen füllt man sie mit gezuckertem Schlagrahm und bestreut sie mit Puderzucker. Sie sehen aus wie die bekannten »Schillerlocken«. Man nennt sie auch Schnürkrapfen.

Mahnudeln

750 g Mehl
30 g Hefe
1 Eßlöffel Zucker
¼ Tasse Milch
Salz
⅛–¼ l Milch

1 Ei
1 Eidotter
50 g Butter
100 g Rosinen
Backfett

Man siebt das Mehl in eine Schüssel, drückt eine kleine Mulde ein, in die man die Hefe bröckelt und mit Zucker, ¼ Tasse Milch und ein wenig Mehl vermischt. Dieser Teigansatz soll eine Viertelstunde zugedeckt an einem warmen Platz gehen. Dann salzt man übers Mehl, verrührt es mit dem Vorteig und gibt die lauwarme Milch, Ei und Eidotter, die zerlassene, aber keineswegs heiße Butter und die Rosinen hinzu. Das alles schlägt man zu einem Teig, der sich vom Schüsselrand lösen muß. Man bestaubt ihn ganz leicht mit Mehl, deckt ihn wieder zu und läßt ihn eineinhalb Stunden gehen. Dann stürzt man ihn auf ein bemehltes Tuch und formt drei längliche Teile, wie Kommißbrote. Diese läßt man so lange in Ruhe, bis sich das Butterschmalz so erhitzt hat, daß es eine Brotscheibe bräunt und um diese herum sich Bläschen bilden. Mit der Oberseite nach unten läßt man nun die drei Laibe nacheinander ins heiße Fett gleiten. Man braucht einen sehr großen Schmalztiegel, denn die Nudeln gehen während des Backens noch einmal auf. Sie müssen in Fett schwimmen, brauchen eineinviertel Stunden, bis sie schön goldbraun sind, und werden bei »Halbzeit« gewendet. Der Name leitet sich von »Mahd« her. Die Nudeln waren also eine kräftige Kost während der schweren Mäh-Zeit (Ernte).

Kniakiachl

500 g Mehl
2 Eßlöffel Milch
40 g Hefe (Germ)
1 Teelöffel Zucker
¼ l Milch
2 Eidotter
1 Ei

1 Prise Salz
2 Eßlöffel Zucker
Schale von ½ Zitrone
50 g Butter
Weinbeerl
Backfett

Der Name soll daher kommen, daß früher die Bäuerinnen den Teig übers Knie »ausgezogen« haben.
Man macht in die Mitte des gesiebten Mehls eine Vertiefung, gießt ein wenig Milch hinein, bröckelt den Germ dazu, überzuckert ihn leicht und häuft etwas Mehl darüber. So läßt man die Schüssel an einem warmen Ort eine Viertelstunde stehen, was aber den Germ zum Gehen anregt. Kurzum: Er macht sich in der

Schüssel breit. Diesen Vorteig (Dampfl) befördert man jetzt zum Kiachlteig, indem man nacheinander Milch, die Eidotter, das Ei, Salz, Zucker, Zitronenschale und die zerlassene Butter einrührt. Auch Weinbeerl kann man hernehmen, ist aber nicht jedermanns Sache. Dann wird der Teig mit dem Kochlöffel so lange geschlagen, bis er Blasen wirft und sich vom Schüsselrand löst. Man vergönnt ihm nun eine Rastpause von 20 Minuten, dann sticht man aus ihm mit dem Eßlöffel oder mit der Teigkarte Nockerl heraus, die man semmelförmig dreht und nebeneinander auf ein bemehltes Brett legt. Nach ihrer Vollversammlung werden sie zugedeckt und erst nach zehn Minuten wieder in die Hand genommen, aber wie? Mit befetteten Fingern beider Hände läßt man den Teigrand rundum gleiten, wobei man ihn nach außen zieht. So entsteht am Rand ein Wulst und in der Mitte ein dünnes Häutchen. Der Kiachl wird waagrecht ins heiße Schmalz gelegt und der Ring damit beschöpft, damit das Gebäck gut aufläuft. Ist die Unterseite braun gebacken, wendet man den Kiachl und bäckt auch die andere Seite zur gewünschten Bräune. Kennzeichen für gutes Gelingen sind ein weißer Streifen in der Mitte rund um das Gebäck und ein helles »Fenster« in der Mitte.

Faschingskrapfen

500 g Mehl
40 g Hefe
1 Teelöffel Zucker
3 Eßlöffel Milch
2 Prisen Salz
50 g Zucker
½ Päckchen Vanillinzucker
Schale von ½ Zitrone

⅛–¼ l Milch
1 Ei
4 Eidotter
40 g Butter
1 Stamperl Obstler
Backfett
Marmelade zum Füllen
Puderzucker

Man siebt das Mehl in eine Schüssel, drückt in die Mitte eine kleine Mulde und bröckelt die Hefe hinein. Zur Unterstützung ihrer Gärtätigkeit wird sie mit etwas Zucker bestreut und mit lauwarmer Milch begossen. Dann löffelt man etwas Mehl darüber und stellt die Schüssel zugedeckt eine Viertelstunde lang an einen warmen Platz. Danach wird man feststellen, daß sich das Dampfl (Vorteig) ganz schön aufgebläht hat. Man salzt über das

Mehl (keinesfalls in die Hefe), vermischt es mit dem Ansatz (anderer Name für Vorteig), rührt nach und nach die übrigen Zutaten ein: den vermischten Zucker und Vanillinzucker, die geriebene Zitronenschale, die Milch, Ei und Eidotter, die zerlassene lauwarme Butter und den Schnaps. Er soll verhindern, daß der Teig später zu viel Backschmalz aufnimmt. Bis dahin sind aber noch einige Stationen zurückzulegen.

Nach dem Verrühren wird der Teig so lange mit dem Kochlöffel geschlagen, bis er Blasen wirft, glänzt und sich vom Schüsselrand löst. Er muß noch einmal zugedeckt gehen, bis er sein Volumen verdoppelt hat. Dann sticht man mit dem Eßlöffel grießnockerlgroße Stücke heraus und formt sie mit leicht bemehlten Händen semmelrund. Sie werden aufs Brett oder auf ein Backblech gesetzt, wobei man berücksichtigen muß, daß sie beim Gehen unter einem Tuch noch einmal so groß werden. Das dürfte nach einer Viertelstunde bereits so weit sein. Dann kommen sie ins 160–170 Grad heiße Schmalz. Man bäckt sie die ersten drei Minuten zugedeckt, wendet sie und macht sie in der gleichen Zeit »oben ohne« fertig. Nach dem Herausnehmen, Abtropfen und kurzem Abkühlen füllt man sie mittels einer Tortenspritze mit säuerlicher Marmelade und bestäubt sie mit Puderzucker. Wer sich einen Faschingsscherz erlauben möchte, kann einige dieser Krapfen auch mit Senf füllen und sie »auserwählten Freunden« anbieten.

Canci cöcci

Das ist eine Festtagsspeise der Dolomiten-Ladiner. Übersetzt heißt sie »Rotgebackene Schlutzkrapfen«. Man braucht:

500 g Mehl
40 g Hefe
⅛ l Milch
1 Ei
200 g Topfen

200 g Spinat
Öl zum Backen
150 g Zucker
150 g Mohn

Der Hefeteig wird völlig unkompliziert (ohne Dampfl) aus Mehl, zerbröckelter Hefe, lauwarmer Milch und einem Ei zusammengerührt. Er muß allerdings eine ganze Stunde bei Zimmertemperatur zugedeckt gehen. Dann rollt man ihn dünn aus und sticht mit einem Glas (der »Schoppen-Römer« hat den richtigen Umfang) runde Flecke heraus. Diese füllt man mit einem Gemisch aus ausgedrücktem Topfen und durchpassiertem Spinat. Auf einen Teigfleck paßt davon ungefähr ein gehäufter Teelöffel voll. Die Ränder werden angedrückt. Vor ihrem Schmalzbad wird den kleinen Krapfen eine Ruhepause von einer halben Stunde vergönnt. Dabei schütze man sie vor Zugluft und Kälte. Dann werden sie in heißem Öl schwimmend rotbraun herausgebacken, wobei man sie wendet und beschöpft.

In der »Fana Ladina« (Ladinische Pfanne) in St. Vigil schmecken sie besonders gut. Denn in diesem von Kennern der Dolomiten-Küche gern besuchten Gasthaus kommen noch einige Extras hinzu. So werden die Canci cöcci mit einer Mischung aus Zucker und zerstampftem Mohn bestreut. (Lassen Sie sich, wenn Sie hinkommen, unbedingt den alten, originellen und originalen Mohnstampfer zeigen.) Wer möchte, kriegt auch noch eine Karamelsoße darüber. Bei der Bestellung müssen Sie »Kantschi-Kötschi« verlangen.

Kuchen und Torten

Haferflocken-Streuselkuchen

200 g Haferflocken
250 g Mehl
1 Päckchen Backpulver
1 Teelöffel Zimt
200 g Butter
200 g Zucker
1 Ei

Belag:
200 g Früchte oder Marmelade
Guß:
125 g Puderzucker
Saft von ½ Zitrone
etwas Rum

Am Anfang ist das eine recht trockene Angelegenheit. In einer Schüssel verrührt man mit dem Schneebesen oder Kochlöffel Haferflocken, Mehl, Backpulver und Zimt. In einem zweiten Gefäß geht's feucht zu. Da hat der Quirler das Sagen und zwar gut zehn Minuten lang. Denn diese Zeit ist notwendig, damit Butter, Zucker und das Ei auch wirklich schaumig verrührt werden. Nun kommen die Schaummasse und die Trockenmasse zusammen und werden verquirlt. Wichtig ist, daß die Masse bröckelig bleibt; es darf kein Teig entstehen. Mit bemehlten Händen reibt man sie dann zu Streuseln. Diese verteilt man auf ein gefettetes Backblech und überzieht sie mit kleinen Beerenfrüchten (Heidelbeeren, Holler, entsteinte Kirschen, Weichseln) oder mit beliebiger Marmelade. Immer wieder kann man hören, daß Aprikosenmarmelade am feinsten schmeckt. Die Backzeit im vorgeheizten Rohr beträgt eine halbe Stunde bei 200 Grad. Danach beträufelt man das fertige Gebäck mit einer Mischung aus Puderzucker, Zitronensaft und etwas Rum. Dieser Guß wirkt sehr erfrischend, ähnlich wie Minzenzeltl (Pfefferminzguatln). Man schneidet den Blechkuchen in Stücke und serviert sie möglichst bald zu einem Schalerl Kaffee.

Weihnachtszelten

250 g Kletzen (Dörrbirnen)
250 g Dörrzwetschgen
125 g Feigen
Wasser
125 g Datteln
50 g Zitronat

1 Teelöffel Zimt
½ Teelöffel Anis
½ Teelöffel Piment (Neugewürz)
½ Teelöffel Salz
½ Teelöffel Nelken
Schale von 1 Zitrone

50 g Orangeat
250 g Rosinen
250 g Sultaninen
50 g Haselnüsse
50 g Walnüsse
50 g Piniennüsse (Pignoli)
50 g Mandeln
100 g Zucker

Saft von 1 Zitrone
⅛ l Rum
200 g Brotteig
200 g Mehl
500 g Brotteig
1 Ei
kandierte Früchte zur Verzierung

Die gedörrten Birnen (Kletzen) und Zwetschgen sowie die Feigen werden über Nacht in Wasser eingeweicht und dann mit den Datteln, dem Zitronat und Orangeat würfelig geschnitten. Die Weinbeerl muß man waschen. Die Nüsse und die Mandeln werden grobgehackt. Die so vorbereiteten Zutaten kommen nun in eine Schüssel und werden mit Zucker, den Gewürzen, geriebener Zitronenschale, Zitronensaft und einem guten Schuß Rum vermengt und getränkt. Diese Masse soll einige Stunden einziehen. Danach wird sie mit einem Teil des gesäuerten Brotteiges (beim Bäcker bestellen) und Mehl (je 200 g) gut verknetet. Man formt daraus zwei längliche Laibe.

Der verbleibende Brotteig (1 Pfund) wird geteilt. Man walkt auf bemehltem Nudelbrett zwei möglichst dünne Fladen aus, setzt die Früchtebrote darauf und schlägt die Fleck darüber. Die Teignaht soll an die Unterseite der Brote kommen, wo sie angedrückt wird. Das soll mit nassen Fingern geschehen. Dann deckt man die Laibe mit einem Tuch zu und läßt sie bei Zimmertemperatur zwei Stunden in Ruhe. Danach werden sie auf ein leicht eingefettetes Backblech gesetzt, mit einem Ei bestrichen und gefällig mit kandierten Früchten, Mandeln oder Nüssen verziert. Man bäckt sie bei 200 Grad 1¼ Stunde.

Nach solchen Zelten riecht es zur Weihnachtszeit in vielen Tiroler Stuben. Diese Früchtebrote wurden früher nur am Vorabend des St.-Thomastages (21. Dezember) gebacken. Die Rezepte dafür sind oft ganz verschieden und lassen auf Wohl- und Wehestand schließen. Wer auf bäuerliche Tradition hält, verwendet nur die heimischen »Gutigkeiten« wie Kletzen, Zwetschgen, Feigen oder Nüsse. Die Zelten vom Stadtkonditor sehen da schon luxuriöser aus. Der üppigste ist der Bozner Zelten.

Nußroulade

5 Eier
Prise Salz
100 g Zucker
75 g Mehl
40 g Walnüsse

Füllung:
⅛–¼ l geschlagener Rahm
40 g Haselnüsse
1 Teelöffel Staubzucker

Als erstes werden die Eier getrennt. Das Eiweiß schlägt man mit einer Spur Salz zu Schnee und stellt es einstweilen in den Kühlschrank. Dann werden die Dotter – einer nach dem andern – mit dem Schneebesen zum Zucker gerührt, bis eine schaumige Masse entstanden ist. Sie wird nun mit dem Mehl, den gemahlenen Walnüssen und dem Eischnee untergehoben und dann fingerhoch auf ein dem Backblech angepaßtes Fettpapier gestrichen. Die Backzeit im Rohr beträgt eine schwache Viertelstunde bei 220 Grad. Danach stürzt man das Gebäck auf eine bemehlte Unterlage und läßt es auskühlen. Inzwischen kann man den Rahm steif schlagen und ihn mit geriebenen Haselnüssen und etwas Staubzucker mischen. So wird er auf das erkaltete Backwerk gestrichen und dieses durch Einrollen zur Roulade befördert.

Germ-Gugelhupf

400 g Mehl
30 g Germ
⅛ l Milch
1 Teelöffel Zucker
150 g Butter
100 g Zucker
¼ Päckchen Vanillinzucker
4 Eier
2 Prisen Salz

3 Eßlöffel Rahm
1 Eßlöffel Rum
40 g Rosinen
40 g Zitronat
40 g Orangeat
40 g Mandeln
Butter und Semmelbrösel für die Form
Puderzucker oder Zitronenglasur

Der Germ-Gugelhupf gehört zu den Kaffeebroten der gehobenen Klasse, weil ihn die Hefe in die Höhe treibt, die hierzulande, wie auch in Österreich und Bayern, Germ heißt. Man siebt das Mehl in eine Schüssel, drückt in die Mitte eine kleine Mulde, bröckelt die Hefe hinein und gießt lauwarme Milch hinzu. Auch ein Teelöffel Zucker schmeckt dieser Hefemilch gut. Man deckt sie mit ganz wenig Mehl zu. Nach einer Viertelstunde ist dieses Dampfl dann gegangen.

Inzwischen hat man Butter und Zucker schaumig gerührt und nach und nach die Eier, das Salz und den Rahm dazugegeben. Diese Masse tut man nun in die Schüssel mit dem Dampfl und verrührt alles gut. Erst zum Schluß mengt man die in Rum getränkten Trockenfrüchte darunter; die Rosinen ganz, Zitronat und Orangeat gewürfelt und die Mandeln grobgehackt. Die Masse kommt in eine Gugelhupf-Form, die gut mit Butter ausgefettet und mit Bröseln bestreut wurde. Der Kuchen wird im Rohr eine Stunde lang bei 200 Grad gebacken. Man bestreut ihn danach mit Puderzucker oder er erhält eine Zitronenglasur.

Gugelhupf

150 g Butter
200 g Zucker
4 Eidotter
400 g Mehl
1 Prise Salz
1 Päckchen Backpulver
⅛–¼ l Milch

Schale von ½ Zitrone
50 g Sultaninen
50 g Orangeat
50 g Nüsse
4 Eiweiß als Schnee
Fett und Semmelbrösel für die Form
Puderzucker zum Bestreuen

Butter, Zucker und die Eidotter werden schaumig gerührt, dann wird das mit Salz und Backpulver vermischte Mehl dazugesiebt und alles mit der Milch zu einem Teig vermengt. Man würzt lediglich mit etwas geriebener Zitronenschale. Die gewaschenen und getrockneten Sultaninen, das würfelig geschnittene Orangeat und die gehackten Nüsse werden zusammen mit dem Eischnee vorsichtig untergehoben. Man füllt die Masse in eine gut gefettete und gebröselte Form und bäckt den Guglhupf eine Stunde bei Mittelhitze. Danach wird er aus der Form gestürzt und mit Puderzucker bestreut.

Mürber Apfelkuchen

450 g Mehl	2 Eßlöffel Zucker
300 g Butter	2 Eßlöffel Haselnußblättchen
100 g Zucker	1 Eßlöffel Sultaninen
3 Eßlöffel Essig	½ Stamperl Wasser
2 Pfund Äpfel	2 Teelöffel Hagelzucker

Man siebt das Mehl auf dem Nudelbrett zu einem Berg, verteilt darin die in Scheiben geschnittene Butter, streut den Zucker darüber und gießt den Essig dazu. Dieser ersetzt hier das Backpulver. Das Ganze wird mit einem breiten Messer zerhackt, mit den Händen verrieben und gut verknetet. Die geschmeidige Teigkugel läßt man an einem kühlen Ort eine Stunde rasten.

Dann drückt man die Hälfte davon in eine kalt gestellte, gefettete und gebröselte Springform und zieht am Rand den Teig etwa 1 cm hoch. Über diesen Kuchenboden verteilt man nun gleichmäßig die Äpfelschnitze, zuckert sie und streut noch Haselnußblättchen und Sultaninen darüber. Der Deckel wird auf dem bemehlten Brett mit dem ebenfalls mehlstaubigen Nudelholz in die Form passend ausgerollt, über den Belag gegeben und leicht angedrückt. Man bepinselt ihn mit kaltem Wasser und streut Hagelzucker darüber. Der Kuchen wird bei 200 Grad 40–50 Minuten gebacken. Er schmeckt heiß und kalt gleich gut.

Bozner Zwetschgenkuchen

200 g Butter	1 Päckchen Backpulver
150 g Zucker	50 g Zucker
4 Eidotter	4 Eiweiß als Schnee
300 g Mehl	750 g Zwetschgen

Butter und 150 g Zucker werden schaumig gerührt, dann kommen die Eidotter dazu und das mit dem Backpulver vermischte Mehl. Zum Schluß wird das mit Zucker zu Schnee geschlagene Eiweiß untergehoben. Man füllt die Hälfte der Masse in die Tortenform und bäckt sie im Rohr bei 200 Grad 15 Minuten. Dann belegt man sie mit den entkernten Zwetschgenvierteln und überzuckert diese. Jetzt kommt die zweite Hälfte des Teiges darüber. Nach 30 Minuten Backzeit ist der Kuchen fertig.

Prügelkuchen

5 Eier (ca. 250 g)
250 g Butter
250 g Zucker
250 g Mehl
Schale von 1 Zitrone

Man nennt ihn auch Baumkuchen, ja sogar Prügeltorte. Da er an einer offenen Herdstelle zubereitet werden muß und es solche kaum mehr gibt, ist der Prügelkuchen zum Aussterben verurteilt. Ich selbst habe nur eine einzige Frau gekannt, die fast täglich ihre Prügelwalze drehte und dieses Gebäck herstellte: Katharina Marksteiner aus Brandenberg bei Kramsach. Wie man aber erzählt, soll die Prügeltorte früher vor allem in bürgerlichen Haushalten Tirols sehr bekannt gewesen sein.

Zur Herstellung braucht man ein Eisengestell als Halterung für einen Hartholzprügel, der mit Pergamentpapier umwickelt und mit einem Faden festgebunden ist. Diese Holzwalze ist 60 cm lang und verläuft konisch; auf einer Seite mißt sie 10 cm im Durchmesser, am anderen Ende bloß 9. Sie hat einen Griff zum Drehen. Auf die Walze wird der Teig aufgetragen. Es ist ein »Eischwerteig«, bei dem jede Zutat das Gewicht der Eier aufweisen muß. Sie werden eine halbe Stunde gut verrührt (das Mehl kommt erst in den letzten fünf Minuten dazu), dann stellt man den Teig in die Nähe des offenen Buchenholzfeuers, das gleichmäßig neben der »Prügelkuchenmaschine« brennt. Schöpflöffelweise trägt man den Teig auf die Walze auf, von vorn nach hinten und wieder zurück. Dabei muß gleichmäßig – am besten von einer zweiten Person – gedreht werden. Die fertiggebackene Torte läßt sich mühelos von der Walze lösen. Man stellt sie auf, und sie sieht aus wie eine große Tropfkerze. Die ganze Prozedur dauert mindestens eineinhalb Stunden.

Gelbe-Rüben-Torte

6 getrennte Eier
250 g Zucker
Schale von ½ Zitrone
300 g gelbe Rüben
300 g Mandeln
50 g Mehl
25 g Stärkemehl
Aprikosenmarmelade

Damit man hernach zügig arbeiten kann, sollte man sich alle Zutaten, die einer Vorbehandlung bedürfen, griffbereit herrichten. Bei den Karotten muß man beachten, daß sie sehr fein gerieben werden. Grobgehackt oder langstiftelig geraspelt bewirkt, daß man später die Torte schlecht schneiden kann. Geriebene Mandeln gibt es zu kaufen.

Zuerst schlägt man die Eidotter mit dem Zucker schaumig und rührt dann alle anderen Zutaten hinein. Zum Schluß wird der Eischnee vorsichtig untergehoben. Wer noch ein Stamperl Schnaps in die Masse gibt, macht keinen Fehler. Man gibt sie in eine Tortenform und bäckt sie bei 160 Grad eineinviertel Stunden. Nach dem Erkalten stürzt man sie, damit die ebene Seite nach oben kommt, und überzieht sie mit Aprikosenmarmelade und Mandelsplittern. Angeschnitten wird diese sehr saftige Torte erst am nächsten Tag.

Mohntorte

150 g Butter
200 g Puderzucker
Schale von ½ Zitrone
1 Stamperl Rum
1 Prise Salz
6 Eidotter

6 Eiweiß als Schnee
125 g Mohn
125 g Haselnüsse
30 g Mehl
Butter und Semmelbrösel
Kuvertüre

Man rührt die Butter mit der Hälfte des Zuckers cremig; die andere süße Hälfte gehört zum Eiweiß, das damit steif geschlagen wird. Die Creme wird gewürzt mit Zitronenschale, einem Stamperl Rum und einer Spur Salz. Dann rührt man nach und nach die Eidotter hinzu. In diese Mischung kommt die Hälfte des gezuckerten Eischnees und wird behutsam untergehoben. Darauf wird die in einer Schüssel vermengte Trockenmasse aus geriebenem Mohn, geriebenen Haselnüssen und Mehl (eine Kleinigkeit Backpulver dazu tät' vielleicht nicht schaden) auf einmal gegeben und mit dem zweiten Teil des Eischnees vorsichtig untergezogen. So entsteht ein glatter Teig, den man in eine ausgebutterte und gebröselte Form füllt. Er braucht 50 Minuten, bis er im Rohr bei 190 Grad zur Torte avanciert. Am nächsten Tag überzieht man die Mohntorte mit einem Schokoladeguß, den man aus geschmolzener Kuvertüre im Wasserbad herstellt.

Schwarzbrottorte mit Kirschen

125 g Butter	1 Messerspitze Nelken
200 g Zucker	180 g Schwarzbrotbrösel
6 Eidotter	⅛ l Rotwein
125 g Nüsse	1 Doppelstamperl Kirschgeist
Schale von ½ Zitrone	2 Pfund Kirschen
¼ Teelöffel Zimt	Butter und Semmelbrösel für die Form

Die Butter wird schaumig gerührt, der Zucker dazugestreut, dann mengt man die Eidotter, die gemahlenen Hasel- oder Walnüsse (man kann auch Mandeln nehmen) und die Gewürze hinzu. Das Mehl wird bei diesem Rezept durch gebröseltes Schwarzbrot ersetzt, das man vorher mit den oben erwähnten Alkoholika getränkt hat. Dann hebt man die nicht entkernten Kirschen darunter und gibt den Teig in eine ausgebutterte und gebröselte Form. Die Torte wird im vorgeheizten Rohr bei 190 Grad eine Stunde lang gebacken.

Nußtorte

5 Eier	60 g Schokolade
3 Eßlöffel Wasser	Rum
180 g Zucker	Fülle:
100 g Mehl	60 g Haselnüsse
¼ Päckchen Backpulver	⅛–¼ l Schlagrahm
180 g Haselnüsse	40 g Staubzucker

Man schlägt die Eier mit etwas heißem Wasser schaumig und läßt dabei nach und nach den Zucker zulaufen. In diese dickschaumige Masse mischt man nun das Mehl mit dem Backpulver, die geriebenen Nüsse, geriebene Schokolade und ein Stamperl Rum. Dann kommt alles in eine ausgefettete Tortenform und wird im Rohr eine Stunde lang bei 190 Grad gebacken. Nach dem Erkalten – am besten erst am nächsten Tag – schneidet man die Torte in der Mitte quer durch, beträufelt die Schnittflächen mit Rum und bestreicht die Unterseite mit der Fülle aus gerösteten und geriebenen Haselnüssen, geschlagenem Rahm und Staubzucker. Dann setzt man die Torte wieder zusammen und überzieht sie mit einer Zuckerglasur.

Kastanientorte

*150 g Kastanien, gekocht und
passiert
100 g Butter
100 g Zucker
½ Päckchen Vanillinzucker
5 Eidotter
100 g Mehl*

*5 Eiweiß
Fülle:
150 g Kastanien, gekocht und
passiert
¼ l Schlagrahm
40 g Zucker
eventuell 1 Stamperl Rum*

Zuerst müssen die Kastanien vorbehandelt werden: Man schlitzt sie ein und brät sie auf dem Blech im Rohr oder in der Pfanne, bis sie aufspringen. So lassen sie sich schälen. Man nimmt nicht nur die äußere Haut ab, sondern auch die innere, so daß sie ganz hell sind. Dann werden sie in Salzwasser oder Milch 15–20 Minuten gekocht und durchpassiert. Jetzt wiegt man 150 Gramm ab.
Butter und Zucker werden schaumig gerührt, dann nach und nach die Dotter und die Kastanienmasse hinzugegeben. Für das Mehl und den Eischnee wird jetzt der Quirler mit dem Kochlöffel vertauscht. Beide Zutaten werden vorsichtig untergehoben, dann der Teig in eine gut ausgebutterte Tortenform gegeben. Bei mäßiger Hitze (190 Grad) wird er eine knappe Stunde gebacken. Danach schneidet man ihn in der Mitte quer auseinander und streicht die Füllung ein. Sie besteht aus einer Mischung von passierten Kastanien, Schlagrahm, Zucker und eventuell einem Stamperl Rum. Man kann die Torte beliebig verzieren.

Heidmehlkuchen

*150 g Butter
150 g Zucker
3 Eidotter*

*150 g Mehl
3 Eiweiß als Schnee*

Das gemahlene Produkt vom Buchweizen heißt in Südtirol nicht nur Plentenmehl, sondern auch noch Heidmehl. Das soll aber nicht davon herrühren, daß die Pflanze auf der Heide blüht, sondern auf ihre Herkunft aus heidnischen Ländern hinweisen. Butter und Zucker werden schaumig gerührt, dann die Eidotter mit verquirlt, das Mehl zugemischt und alles schließlich vorsichtig mit dem Eischnee untergehoben. Man bäckt den Kuchen 40 Minuten bei 200 Grad in einer gefetteten Springform.

*Von vorn nach hinten: Apfelkiacherl (Rezept S. 115),
Brandteigstrauben (S. 117), Kniakiachl (S. 123)* ▷

Schwarzplententorte

250 g Butter
250 g Zucker
6 Eidotter
250 g Buchweizenmehl (Plenten)
250 g Mandeln
1 Päckchen Backpulver
1 Päckchen Vanillinzucker
1 Prise Salz
6 Eiweiß als Schnee
Preiselbeermarmelade

In einer Schüssel rührt man mit dem Quirler die Butter schaumig, läßt nach und nach dabei den Zucker einrieseln und mischt dann die Eidotter darunter. Danach wird mit dem Kochlöffel gearbeitet und zwar rührt man ein Gemisch aus Schwarzplentenmehl (Buchweizen), geriebenen und gebähten Mandeln sowie Backpulver und Vanillinzucker dazu. Zum Schluß wird der mit einer Prise Salz geschlagene steife Eischnee vorsichtig untergehoben. Man füllt den Teig in eine Tortenform und bäckt ihn 50 Minuten bei 200 Grad. Nach dem Erkalten wird die Torte zweimal quer durchgeschnitten, mit Preiselbeermarmelade bestrichen und wieder zusammengesetzt.

Schwarzplentene Torte

250 g Butter
250 g Zucker
6 Eier
250 g Buchweizenmehl (Plenten)
200 g Nüsse
2 Eßlöffel Stärkemehl
2 Eßlöffel Schokoladepulver
1 Päckchen Vanillinzucker
1 Päckchen Backpulver
Schale von ½ Zitrone
50 g Zitronat
50 g Orangeat
2 Äpfel
Fett und Semmelbrösel für die Form
Belag: Preiselbeeren

Die Unterwirtin von Feldthurns, Frau Agnes Tauber, behauptet, die beste Schwarzplentene Torte von ganz Südtirol backen zu können. Und wenn man die Zutaten so anschaut, dann ist schon was Wahres dran. Sie nimmt zwei Schüsseln dafür her. In der ersten verrührt sie Butter, Zucker und Eier. Das nennt sie die Naß-Masse. In der zweiten geht's mit einer einzigen Ausnahme ziemlich staubig zu. Da begrüßen sich Plentenmehl, geriebene Nüsse, Stärkemehl, Schokoladenpulver, Vanillinzucker, Backpulver, Zitronenschale, Zitronat und Orangeat. Nur die geriebenen Äpfel bringen ein bißchen Feuchtigkeit in die Masse.

◁ Schwarzplentene Torte, Rezept S. 137

Wenn man aber den Inhalt beider Schüsseln vorsichtig zusammenmengt, dann ergibt das Ganze eine sehr gute Mischehe. Halten braucht sie ohnehin nur eine Dreiviertelstunde bei 150 Grad im Rohr, zusammengeschlossen in einer gefetteten und gebröselten Springform. Nach dem Erkalten wird die Torte oben mit eingemachten Preiselbeeren oder Preiselbeermarmelade überzogen. Alsbald setzt sich dann ein Damenkränzchen zu einem Kaffee-Plauderstündchen nieder und läßt sich die Schwarzplentene in 12 Stücke teilen. Man kann halt nicht immer nein sagen.

Süßer Rehrücken

100 g Butter
50 g Zucker
5 Eidotter
75 g Kakaopulver
75 g Kartoffelmehl
½ Teelöffel Backpulver
½ Päckchen Vanillinzucker
5 Eiweiß

50 g Zucker
50 g Mandeln
50 g Haselnüsse
Schale von ½ Zitrone
Butter und Mehl für die Form
100 g Kuvertüre
50 g Pignolien (Pinienkerne)

Butter und 50 g Zucker werden erst schaumig gerührt, dann nach und nach mit den Eidottern vermengt. In diese Schaummasse streut man ein Gemisch aus Kakaopulver, Kartoffelmehl (oder sonstiger Speisestärke), Backpulver, Vanillinzucker und rührt es ebenfalls dazu. Dann wird das mit dem einrieselnden Zucker (nochmals 50 g) zu steifem Schnee geschlagene Eiweiß untergehoben, und zum Schluß kommen die geriebenen Mandeln, Nüsse und die Zitronenschale dazu. Das Ganze wird in eine gebutterte und bemehlte Rehrückenform gefüllt und bei 190 Grad eine Stunde lang im Rohr gebacken. Nach dem Herausnehmen und Erkalten überzieht man den Kuchen mit zerlassener Kuvertüre und »spickt« ihn mit Pinienkernen.

Wein

»A guates Weinderl aus Südtirol...«

Mir schmeckt der Wein in seiner Heimat am besten, und ich nehme mir schon lange keine Flasche Südtiroler mehr mit nach Hause in mein Rottaler Mostland. Dafür fahre ich ein- oder zweimal öfters über den Brenner, um meinen Brand zu löschen, sozusagen als Feuerwehrmann in Zivil. Kurioserweise ist das Löschmaterial trocken, und das trifft bei den allermeisten Südtiroler Weinen zu. Sie sind durchgegoren, und dafür heißt der Ausdruck nun einmal »trocken«. Er bedeutet, daß der ursprüngliche Zuckergehalt der Traube ins Hochgeistige übergeschnappt ist. CH_3-CH_2OH lautet die chemische Formel hierfür, und bis zu 12½ Prozent davon können in einem Glaserl Rotem herumgeistern.

Ja, der Rotwein ist der kräftigste Vertreter unter den vergorenen Traubensäften zwischen den Sarntaler Alpen und der Salurner Klause. Er besitzt auch zahlenmäßig die absolute Mehrheit, nämlich 80 Prozent. Da verbleiben der weißen Opposition nicht mehr viel. Diese hat sich hauptsächlich im Eisacktal angesiedelt. Bleiben wir gleich dabei: Weinbaumäßig gesehen, stellt dieses Gebiet eine »Lage« dar, innerhalb der sich, wie die Erfahrung gezeigt hat, einige Rebsorten besonders wohl fühlen. In Südtirol gibt es sechs Lagen, also zusammenhängende größere Weinanbaugebiete, die nach einer Ortschaft oder Region benannt sind. Sie heißen: *Bozner Leiten, Terlaner, Eisacktaler, Meraner* oder *Meraner Hügel, St. Magdalener, Kalterer* oder *Kalterersee*. Daneben kommt aber noch eine Sonderlage vor, die in vielen Rebsorten, weiß und rot, fast über das ganze Land verteilt ist und daher nur den Namen *Südtiroler* führen kann. Wenn Sie in Südtirol ein gutes Weinderl einer bestimmten Herkunft (Lage) und einer Ihnen zusagenden Rebsorte kosten möchten, dann muß zum Beispiel auf dem Etikett stehen: *Eisacktaler Veltliner, Südtiroler Blauburgunder* oder *Terlaner Silvaner*. Allerdings kann bei den Lagen *Kalterer, St. Magdalener, Bozner Leiten* und *Meraner* die Bezeichnung der Rebsorte entfallen, weil bei ihnen allen der Wein aus der Vernatsch-Traube gekeltert wird, wobei manchmal geringe Zusätze artverwandter Rebsorten erlaubt

sind. Eine kleine Übersicht möchte Ihnen bei der Wahl eines guten Tropfens behilflich sein. Hier haben Sie wenigstens die Sicherheit, daß der Kandidat das hält, was er auf seinem Werbeplakat (Etikett) verspricht.
Vor allem muß darauf das Signum D O C stehen (Denominazione di origine controllata). Das entspricht im deutschen Sprachgebrauch Q b A (Qualitätswein bestimmter Anbaugebiete). Es schützt den Produzenten vor dem Mißbrauch der Ursprungsbezeichnung und gibt dem Konsumenten die Garantie der Herkunft des Weines. Einige Weinbauorte dürfen zusätzlich die Bezeichnung »Classico« oder »Klassisch« auf die Flasche schreiben. Hier wird die Ursprungsbezeichnung noch weiter eingeengt. Zum Beispiel bei der Lage *Kalterersee* dürfen nur die Gemeinden Kaltern, Eppan, Tramin, Kurtatsch, Neumarkt, Montan, Auer und Pfatten auf ihren Klasse-Wein hinweisen. Weiter entfernte Orte, die auch einen *Kalterer* herstellen (und wahrscheinlich einen ebenso guten) müssen auf diese Anpreisung verzichten.

Eisacktaler
Von der Anbaufläche her stehen hier an erster Stelle die Silvanertraube und die Rebe des Gewürztraminers. Aber man verachte auch die »Kleinen« nicht. Für Kenner entscheidet nämlich nicht – wie für den Winzer – die wirtschaftliche Bedeutung, sondern der edle Tropfen, der sich hier rar macht. Das tun der Müller-Thurgau, der Ruländer und der Veltliner (nicht zu verwechseln mit dem niederösterreichischen »Grüner Veltliner«). Aber nun zum absoluten Eisacktaler Spitzenreiter.

Silvaner: Eine altehrwürdige Rebsorte. Sie soll angeblich aus Transsilvanien stammen, dem heutigen Siebenbürgen, und verbreitete sich stark in Österreich. Der Ebracher Zisterzienserabt Alberich Degen führte sie in Franken ein, wo er sie im »Stein« zu Würzburg pflanzte. Bald darauf machte sich die Silvanerrebe im Eisacktal breit. Die Sorte mit dem runden Blatt, den dichtgepackten Trauben und den grünen Beeren liefert reiche Erträge und einen frischen, fruchtigen Wein. Seine Farbe ist grünlich bis hellgelb. Man trinkt ihn zu Spargel, Fisch, Weinsuppen, Geflügel, aber auch zu fetten Speisen.

Der *Gewürztraminer* wird unter der Lage *Südtirol* besprochen, weil dort seine Anbaufläche noch größer ist als im Eisacktal. Dafür kommt nur hier der *Veltliner* vor, wenn auch in bescheidenem Ausmaß. Das Hauptanbaugebiet liegt um Brixen, Klausen, Feldthurns und Vahrn. Die frührote Rebe bringt einen fruchtigen, angenehm würzigen Weißwein hervor mit zarter Blume. Man mag ihn gern als Aperitif oder zu Fischspeisen.

Südtiroler

Unter diesem Namen sind fast 20 Rebsorten vertreten (mit Neuzüchtungen und Kreuzungen). Deren Weine werden in diesem Buch nach der Größe der Anbauflächen aufgeführt, die aber nicht zusammenhängen müssen, sondern sich auch auf mehrere Winzergemeinden verteilen können, die keine unmittelbaren Nachbarn sind. Sie müssen aber im Großraum Bozen-Meran liegen.

Weißburgunder: Er stammt aus Burgund. Die Stöcke lieben tiefgründige Böden und bringen reichlich Frucht. Der Weißburgunder ist die am weitesten verbreitete Weinsorte Südtirols und wächst vor allem zwischen Meran und Salurn. Der Wein schimmert strohfarben, ist nicht sehr schwer, riecht nach feinen Äpfeln, schmeckt voll und samtig. Es ist der richtige Frühschoppenwein.

Lagrein Kretzer: Diese Rebe ist immer schon auf Tiroler Boden gewachsen. Der robuste Stock trägt mittelgroße Trauben mit länglichrunden blauschwarzen Beeren. Sie enthalten einen starken Farbstoff. Um sie für die Weinbereitung zu entfärben, wendet man eine besondere Methode an, nämlich die Weißkelterung. Die Trauben werden ge»kretzt«, das heißt: gesiebt. Von den Körnern und Schalen befreit, kommt nur der reine Traubensaft zur Vergärung, der als Endprodukt ein Mittelding zwischen Weiß- und Rotwein hervorbringt (Rosé oder Weißherbst.) Kenner preisen seine leuchtende, hellrubinrote Farbe und sein feines Bukett mit den Duftnoten nach Veilchen und Vanille. Der Kretzer ist kein Wein zum Lagern. Er gibt sein Bestes in den ersten zwei Jahren und paßt gut zu einer kalten Platte mit Wurstwaren und Speck, zu Teigwaren mit Tomatensoße und zu weißem Fleisch.

Lagrein Dunkel: Das ist der Bruder vom Kretzer, der auf der Trester vergoren wurde. Er erzielt eine rubin- bis dunkelgranatrote Farbe, ist im Geschmack voll, samtig und rund. Man genießt ihn zu Wild, zu dunklem Fleisch und Hartkäse.

Blauburgunder: Er hat den Namen seiner Heimat nicht abgelegt, als er vor gut hundert Jahren aus Frankreich nach Südtirol hergeheiratet und Wurzeln vor allem in den Gemeinden Pinzen, Masson, Girlan und Schreckbichl geschlagen hat. Die reifen Beeren sind blauschwarz, saftig und süß. Daher erreicht der granatrote funkelnde Wein einen hohen Alkoholgehalt und ist über fünf Jahre haltbar. Bevor man ihn in Flaschen abfüllt, wird dieser edle Tropfen mindestens ein Jahr lang in Holzfässern aufbewahrt, wobei er sein sortentypisches Aroma nach Brombeeren und taufrischem Gras noch ausbaut. Auf der Zunge hinterläßt er einen pikanten Geschmack nach der zarten Bitterkeit milder Gerbsäure (Tannin). Er hört auch auf den Namen *Spätburgunder* und gehört zu den aristokratischen Weinen für Kenner. Daher verkehrt er auch bei den Speisen nur in den besten Kreisen und gesellt sich gern zu Fleisch am Spieß, zu Wildbret, Steaks und pikantem Hartkäse.

Gewürztraminer: Er stammt aus dem Südtiroler Weindorf Tramin, das unweit des Kalterer Sees im Bozener Unterland liegt. Die alten Römer sollen den Gewürztraminer schon gekannt und geliebt haben. Er wird heute in allen wichtigen Weingebieten der Welt angebaut. Die Beeren haben eine angenehme rotbraune Färbung, der Wein selbst schimmert goldgelb. Die Bezeichnung »Gewürz« sagt eigentlich schon alles über die außergewöhnlichen Aromastoffe im Bukett dieses Weines, der nach Veilchen und Wildrosen riecht. Ihm wurde von Kennern der Königstitel unter den Südtiroler Weißweinen verliehen. Er wird zu Vorspeisen getrunken, zu Meeresfrüchten und Mehlspeisen.

Ruländer: Er heißt auch *Grauer Burgunder* und ist mit dem weißen und blauen Burgunder verschwistert. Entdeckt wurde diese Rebsorte 1711 von einem Speyerer Kaufmann namens

Ruland, der sie dann vermehrte. Sie ist also ein Findelkind. Der Weißwein dieser Rebe ist alkoholreich, in der Säure mild und trocken im Geschmack. Er empfiehlt sich zu Pilzgerichten, Süßwasserfischen, Meeresfrüchten, gebratenem Geflügel, paßt aber auch zu Vorspeisen.

Des weiteren sind unter der Lagebezeichnung *Südtiroler* noch folgende Rebsorten vertreten: *Vernatsch, Rheinriesling, Grauvernatsch, Cabernet, Merlot, Malvasier, Müller-Thurgau, Welschriesling, Silvaner, Goldmuskateller, Sauvignon* und *Rosenmuskateller*, von denen sich aber einige auch in anderen Lagen wiederfinden. Rein auf den Großraum Bozen-Meran beschränkt ist die aus der Gegend von Bordeaux stammende *Cabernet*-Rebe, die einen trockenen, kräftigen Rotwein ergibt mit einem typischen Grasgeschmack. Er ist zehn Jahre lagerfähig. Man trinkt ihn gern zu Wild, Wildgeflügel und pikantem Käse. – Über hundert Jahre schon wird in Südtirol die französische *Merlot*-Rebe angebaut. Der granatrote, extraktreiche, leicht nach Erde riechende herbe Wein paßt zu Hasenbraten, Steaks, Wild und Wildgeflügel sowie zu pikantem Hartkäse. – Auch der *Malvasier* vertritt nur die Lage *Südtirol.* Er ist ein hellrubinroter Wein, würzig und aromatisch, mit eigenwilliger Blume und schmeckt gut zu pikanten Fischgerichten. – Die zwei hier vorkommenden *Muskateller*-Arten sind Dessert-Weine.

Terlaner
Darunter versteht man die Ursprungsbezeichnung für sechs weiße Sortenweine, nämlich Müller-Thurgau, Weißburgunder, Welschriesling, Rheinriesling, Sauvignon und Silvaner. Das Anbaugebiet zieht sich von Kaltern bis Terlan. An erster Stelle steht hier der Weißburgunder, der bereits im Abschnitt *Südtiroler* beschrieben wurde. Die übrigen Sorten sollen bloß beiläufig erfaßt werden, weil sie mengenmäßig ja nur ein paar Tupfer auf der Palette der Weinlandschaft darstellen, was aber nichts gegen ihre Qualität aussagt. Es gibt mehrere Gründe, die eine oder andere Rebsorte nur in begrenztem Umfang zu kultivieren, z. B. Bodenbeschaffenheit, Sonneneinstrahlung, Luftfeuchtig-

keit. Wo aber solche Minderheiten ideale Lebensbedingungen vorfinden, lohnen sie dies dem Pflanzer mit ihrem besonders köstlichen Lebenssaft. Spezialisten unter den Weingenießern pflegen stets solche Oasen der Weinseligkeit aufzufinden.

Rheinriesling: Das ist der deutsche Riesling. Diese Rebsorte wird erst seit 120 Jahren in Südtirol angebaut und ergibt einen eleganten Weißwein mit feiner Blume. Wird empfohlen zu Hirnsuppe, weißem Fleisch, Meeresfrüchten, Fisch, Käse, aber auch als Aperitif.

Welschriesling: Er ist mit dem Rheinriesling weder verwandt noch verschwägert. Der Wein hat eine grüne bis hellgelbe Farbe, er schmeckt frisch und angenehm. Man trinkt ihn zu leichten Vorspeisen, zu Gemüse, Käse und Fischauflauf, zu Spargel, Nudel- und Reisgerichten.

Müller-Thurgau: Der Wein aus dieser bekannten deutschen Rebsorte ist mit der Zusatzbezeichnung »klassisch« nur in der Gemeinde Terlan zugelassen. Kenner schätzen seinen aromatischen Muskatgeschmack. Seine Farbe ist grüngelb; er paßt wegen seiner fruchtigen Säure gut zu Speckbrot und Geselchtem.

Sauvignon: Diese Rebsorte stammt aus Frankreich und ergibt einen feinen, trockenen, leicht aromatischen Weißwein. Seine Farbe ist grünlichgelb und er riecht nach frischem Tau auf der Wiese. Man trinkt ihn zu cremigen Suppen, wie Zwiebelsuppe, gebackenem oder gegrilltem Fleisch und Pavesen aller Art.

Kalterer oder **Kalterersee, St. Magdalener, Meraner** oder **Meraner Hügel, Bozner Leiten**

Die eigentliche, ursprüngliche, edelste und wichtigste Rotweinrebe ist der *Vernatsch* mit seinen Spielarten *Groß-* oder *Edelvernatsch, Kleinvernatsch, Mittervernatsch, Grauvernatsch* und *Tschaggelevernatsch,* die sich durch lage-, boden- und klimabedingte Merkmale in Charakter, Körper und Fülle voneinander unterscheiden. Die Rebsorte wird auch in Württemberg angebaut und heißt dort »Trollinger«, ursprünglich »Tirolinger«, und weist so ihre Herkunft aus. Die Grundlage bei den in der Überschrift genannten Lageweinen bildet die Großvernatsch- bzw. Edelvernatschtraube. Sie nimmt fast zwei Drittel der gesamten Südtiroler Weinanbaufläche ein. Der bekannteste Südtiroler Rotwein ist der *Kalterer* oder *Kalterersee*. Wer ihn im Ausland kauft, sollte unbedingt auf das DOC-Signum achten, weil er dort oft gepanscht und verschnitten wird. Der echte kann nicht billig sein. Dem Vernatsch-Ansatz dürfen Moste der Rebsorten Blauburgunder und Lagrein (15 %) beigemengt werden, was aber die Ausnahme ist. Der Wein ist hellrubinrot, oftmals schon fast rosé, fruchtig, trocken, mild, gerbstoffarm und schmeckt leicht nach Bittermandeln. Er empfiehlt sich zu kalten Fleischvorspeisen, Tellerfleisch, zu weißem Fleisch, Geflügel und mildem Käse.

Beim *St. Magdalener*, dem angeblich edelsten Rotwein Südtirols, ist die Bezeichnung »classico« oder »klassisch« nur bei Herkunft aus ältestem Anbaugebiet zulässig. Das sind die Lagen St. Magdalena, St. Justina, Rentsch, Leitach und St. Peter. Hier hat man es auch nicht nötig, mit Blauburgunder oder Lagrein »aufzubessern«, was bis zu 10 % erlaubt ist. Der Wein ist der kräftigste unter den Vernatsch-Weinen, von rubinroter Farbe, duftet leicht nach Veilchen, ist im Geschmack voll und kernig, paßt gut zu Wild und pikantem Käse.

Von Riffian südwärts bis Gargazon gibt's den *Meraner* oder *Meraner Hügel*, auch als *Küchelberger* bekannt. Der rubinrote Wein ist etwas kräftiger als der Kalterer, riecht fruchtig und schmeckt trocken mit angenehmer Fülle. Es ist der Wein, der gern in fröhlicher Runde für sich getrunken wird. Will man ihn bei einer Mahlzeit genießen, so tut er gut zu Vorspeisen wie Wurst- und Speckbrot, heißen Würsteln, Geflügel und Käse.

Die Lage *Bozner Leiten* ist nicht groß. Sie zieht sich nordwestlich von Bozen fast bis Kastelruth und umfaßt die Gemeinden Bozen, Jenesien, Karneid, Leifers, Ritten, Terlan und Völs. Die Anbaufläche beträgt nicht ganz hundert Hektar. Der rubin- bis dunkelrubinrote Wein ist dem St. Magdalener ähnlich und paßt auch zu denselben Speisen, nämlich Fleischpasteten, dunklem Fleisch, gegrillt und gebraten, Wild, Wildgeflügel und Käse.

Weine, die in Südtirol noch die Bezeichnung »Riserva« tragen dürfen, haben ihre Reifeprüfung in Holzfässern gemacht. Ich wünsche Ihnen ein »Prosit« zu einem solch edlen Tropfen!

Küchen-Dolmetsch

Oder was einer vom anderen wissen sollte

Bähen: leicht rösten (ohne Fett)
Beuschel: Kalbslüngerl
Cannelloni: gefüllte Teigrollen
Dampf(e)l: Vorteig, Hefeansatz
Eierschwämme: Reherl, Pfifferlinge
Erdäpfel: Kartoffeln
Farce: streichfähige Masse für Füllungen
Faschieren: durch den Wolf drehen
Figgen: getrocknete Äpfelschnitze
Fisolen: Buschbohnen
Frittaten: nudelig geschnittene dünne Pfannkuchen
Germ: Hefe
Graipm: Grieben, Grammeln
Graukas: Almkäse
G(e)röstl: Zusammengeröstetes aus Kartoffeln und Fleisch
G'schlingel: Lüngerl, Beuschel
Gugelhupf: Hefekuchen
Holler: Holunder
Kaiserteil: Teil vom Kalbsschlegel (Keule)
Kaminwurzen: kleine geräucherte und luftgetrocknete Würste
Karfiol: Blumenkohl
Karkassen: Gerippe, Knochen für die Soßenzubereitung
Kipferl: hörnchenartiges Gebäck
Kletzen: gedörrte Birnen
Kösten: Edelkastanien
Kren: Meerrettich
Kutteln: gekochter und zurechtgeschnittener Rindsmagen

Lasagne: Gericht aus breiten Teigblättern und Hackfleisch
Lungenbraten: Rindsfilet
Marende: Vesper, Jause, Brotzeit (Nachmittag)
Marillen: Aprikosen
Nagerl, rasse: Gewürznelken
Nocken, Nockerl: ovale Knöderl
Nussen: Nüsse
Obstler: Schnaps aus Äpfeln oder Birnen
Palatschinken: dünne Pfannkuchen
Paradeiser: Tomaten
Parüren: Hautstücke, Sehnen, Abschnitte für Soßenzubereitung
P(B)aunzen: geschupfte Nudeln
Pavesen: gefüllte herausgebackene Weißbrotscheiben
Piesl: Mangold
Pignolien: Pinienkerne
P(B)latteln: blättriges Gebäck
Plenten: Buchweizenmehl
Ribis(e)ln: Johannisbeeren
Rindssuppe: Fleischbrühe
Schöpsernes: Schaf- oder Hammelfleisch
Schupfen: Hin- und Herrollen von Teigbröckerln mit der Hand
Schüttelbrot: flache Fladen aus Roggenmehl
Schwammerl: Pilze
Schwarzplenten: Buchweizenmehl
Spatzen, Spätzle: in Wasser eingetropfte Teigkügelchen
Speck: fettes Schweinefleisch

Stamperl: Schnapsmaß (2 cl)
Stelze: Haxe vom Schwein oder Kalb
Sulz(e): Sülze, Aspik
Sur: Pökelung
Topfen: Quark
Törggelen: herbstliches Weinfest mit guter Brotzeit
Trippa: Kuttelfleck
Türteln: in Fett gebackene gefüllte Teigblätter
Verkläppern: Ei(er) mit der Gabel verschlagen
Vinschger Paarl: paarweise gebackenes Roggenbrot
Vormas: Gabelfrühstück (Vormittag)
Vorschlagbrot: Roggenmischbrot
Wammerl: Bauchspeck, -fleisch
Weichseln: Sauerkirschen
Wurzelwerk: Lauch, Zwiebel, Petersilienwurzel, Karotte, Sellerie
Zelten: flaches Früchtebrot, Bozener Spezialität
Ziegerkas: kleiner, kegeliger Almkäse
Zucchini: gurkenähnliches Gemüse

Register

Alm-Rahmkoch 101
Apfelkiacherl 115
Apfelkuchen, Mürber 132
Apfelstrudel 104
Bauernbratl 49
Bauerngröstl 45
Bauernschmaus 47
Bauernschöpsernes 37
Bauernstrauben 117
Blutnudeln s. Ofen-Blutmus
Bocksbraten 40
Bozner Saure Suppe 19
Bozner Soße 75
Bozner Zwetschgenkuchen 132
Brandteigstrauben 117
Brennsuppe 11
Brezelsuppe 16
Brunnenkressesuppe 13
Buttermilchbeize 65
Canci cöcci 125
Eingemachtes Kalbfleisch 57
Eisacktaler Weinsuppe 15
Entenbrüste mit Kartoffelcrêpes 30
Erdäpfelbratl 48
Essigbeize 64
Fasan, Gefüllter 31
Faschingskrapfen 124
Fastenknödel 83
Forellen, Blaugekochte 25
Forellensuppe, Geräucherte 17
Frittatensuppe 16
Gamsbraten 70
Gamsfleisch, Gedünstetes 69
Gamsrücken mit Pilzen 69
Geißbraten, Gekräuterter 39
Geißkitz in Wurzelwerk 39
Gelbe-Rüben-Torte 133
Germ-Gugelhupf 130
Germstrudel, Mürber 105
Gerstensuppe 13
Graipm-Knödel 87
Graipm-Strudel 108
Graukas 75
Grießknödel 83
Grießknödel zum Selchfleisch 84

Grießplatteln 98
Gschlingel 50
Gugelhupf 131
Gulaschsuppe 21
Haferflocken-Streuselkuchen 128
Hasenfilets in Orangensoße 65
Hasenpfeffer s. Rehragout
Hausmachersulze 43
Hausnudeln 89
Hausnudeln Burggrafenart 90
Heidelbeerstrudel s. Zwetschgenstrudel
Heidmehlkuchen 136
Herrengröstl 55
Herrengulasch
  s. Saftgulasch
Hirnpavesen 51
Hirnsuppe 20
Hirntirtln 115
Hirschbraten s. Gamsbraten
Hirschmedaillons mit schwarzen Ribisln 68
Hirschragout s. Rehragout
Hirschrücken s. Gamsrücken
Hollerkiachl 116
Hufeisen 116
Jagerfleisch (Schwein) 47
Jägerfleisch mit Schwammerl (Rind) 61
Jägernudeln 89
Kalbskopf, Gebackener 54
Kalbskopf, Gesulzter 53
Kalbskopf, Saurer, s. Kalbskopf, Gesulzter
Kalbsnuß in Paradeisersoße 58
Kalbsstelze in Scheiben 53
Kalbsstelze mit Gemüse 52
Kalbsvögerl 56
Kapuzinerfleisch 57
Kartoffelbaunzen 99
Kartoffelblatteln 100
Kartoffelkrapfen mit Spinat 100
Kartoffelnocken s. Kartoffelblatteln
Kartoffelnudeln 99
Kasknödel 84

Kasnocken 94
Kassuppe 18
Kastanienblaukraut 77
Kastanientorte 136
Kienzlsuppe 14
Kirchtagskrapfen mit Füllungen 121
Kirschenstrudel s. Zwetschgenstrudel
Kniakiachl 123
Krautspecksalat 77
Kressenudeln 91
Kuttelfleck mit Parmesan 59
Leberknödelsuppe 18
Mahnudeln 122
Marende 79
Milzschnittensuppe 19
Moare Krapfen 120
Mohnkipferl s. Nußkipferl
Mohnkrapfen 120
Mohnstrudel 107
Mohntorte 134
Moosbeernocken 114
Muas 102
Netzlaiberl 46
Nudelauflauf 90
Nußkipferl 106
Nußroulade 130
Nußstrudel 107
Nußtorte 135
Obstknödel 86
Obststrudel 104
Ochsengurgeln 122
Ochsenmaulsalat 74
Ochsenschwanzgulasch 59
Ofen-Blutmus 44
Ofenleber 45
Öl-Wein-Beize 65
Perlhuhn in Rotwein 33
Plenten s. Polenta
Polenta 98
Polsterzipfel 119
Preßknödel 85
Prügelkuchen 133
Pustertaler Türteln mit Füllungen 118
Rahmgulasch 55
Rehbraten s. Gamsbraten
Rehleber 66
Rehmedaillons s. Hirschmedaillons
Rehragout 66
Rehrouladen mit Eierschwämmen 67
Rehrücken s. Gamsrücken
Renken mit Nußsoße 28
Rhabarberstrudel s. Zwetschgenstrudel
Rotweinbeize 64
Saftgulasch 60
Scheiterhaufen 110
Schinkenfleckerl 111

Schinkenschöberl zur Suppe 21
Schleien mit Tomatensoße 24
Schlutzkrapfen mit Fülle 96
Schöpseneintopf 37
Schöpsenfleischsuppe 20
Schöpsernes in Rotwein 38
Schwammerlreis 78
Schwarzbrottorte mit Kirschen 135
Schwarzplentene Knödel 86
Schwarzplentene Torte 137
Schwarzplententorte 137
Schweinsgulasch s. Saftgulasch
Seefelder Soße s. Tiroler Soße
Semmelknödel s. Fastenknödel
Semmelkrensoße, Feine 76
Spargel, Überbackener 78
Spargelcremesuppe 12
Spargelsalat 74
Spargelsuppe 12
Speckkunde, Kleine 42
Spinatnocken 93
Spinatnudeln 91
Spinatspatzel mit Schinken 94
Steinpilznocken 95
Stockfisch, Gedünsteter 26
Stockfisch mit Tomaten 27
Stockfisch-Auflauf 27
Stockfischgröstl 25
Südtiroler Weinsuppe 14
Suppenhenne in Krensoße 34
Süße Ofenleber 110
Süßer Rehrücken 138
Terlaner Weinsuppe 15
Tiroler Leber 51
Tiroler Rindsbraten 62
Tiroler Rostbraten 62
Tiroler Soße 76
Tiroler Speckknödel 88
Tiroler Spielhahn 33
Topfenknödel 85
Topfennocken 95
Topfenpalatschinken 109
Topfenstrudel 108
Törggelen 79
Traubenstrudel s. Zwetschgenstrudel
Vormas 79
Wasserspatzen 93
Weihnachtszelten 128
Weinbaunzen 114
Wildbeizkunde, Kleine 64
Wildente mit Orangensoße 32
Wildfond 65
Wildschweingulasch 71
Zieger mit Zwiebeln s. Graukas
Zwetschgenstrudel 105
Zwiebelsuppe 11